Receta

para

el avance

La historia de la Pharmacy Unlimited

Aplicando los principios
de la fe transformadora a sus
mayores desafíos

DANNY SKAGGS

Prefacio por Jack Sheffield

Receta para el avance
Aplicando los principios de la fe transformadora a sus mayores desafíos
Danny Skaggs © 2019

Las citas bíblicas marcadas como NIV son de la Santa Biblia, Nueva Versión Internacional® NIV® Copyright © 1973, 1978, 1984, 2011 por Biblica, Inc. ™ Usado con permiso. Todos los derechos reservados en todo el mundo.

Las citas bíblicas marcadas como TPT son de The Passion Translation®. Copyright © 2017 por Broadstreet Publishing® Group, LLC. Usado con permiso. Todos los derechos reservados. thePassionTranslation.com

Las citas bíblicas marcadas con American KJV son de The Study Bible y no tienen derechos de autor. Usado con permiso. https: // estudio bible.info/version/AKJV. Michael Peter (Stone) Englebrite. Colocado en dominio público el 8 de noviembre de 1999.

ISBN de tapa blanda: 978-1-7342244-3-6
eBook ISBN: 978-1-7342244-4-3

Publicado por Pharmacy Unlimited

PHARMACY UNLIMITED

Impreso en los Estados Unidos de América

DEDICACIÓN

Este libro está dedicado a mi esposa, Kara. Con mi deseo de estar en el negocio, las decisiones recientes habían causado que nuestros ingresos, finanzas y fondos de jubilación se convirtieran en un gran desastre; Sin embargo, ella nunca se quejó. Estábamos cerca de la ruina financiera con una gran deuda restante como recordatorio de la aventura en los negocios, sin embargo, ella nunca se preocupó por las circunstancias. Ella se mantuvo en la lucha, y en los momentos más difíciles, estuvo conmigo orando, ayunando, alabando, adorando y hablando las Escrituras en nuestras circunstancias. Sin su unidad en la lucha, no podríamos escribir este libro sobre nuestra victoria. Su unidad conmigo en la fe durante la lucha permitió la victoria.

Te amo kara Su espíritu humilde, gentil, paciente, tenaz y que busca a Dios es digno de distinguir el honor. Estos pequeños párrafos de homenaje no te honran adecuadamente, ni expresan mi gratitud ni me dan cuenta de que sin su unidad y fe en la lucha, nuestro resultado no habría sido la victoria. Quienes lean esto apreciarán su apoyo paciente, quejumbroso y de fe que subyace a todas las victorias registradas en este libro. En verdad, ayudaste a lograr avances, y verdaderamente, eres digna de honor.

CONTENIDO

PREFACIO

Según la Administración de Pequeñas Empresas (SBA), las pequeñas empresas representan más de la mitad de la creación neta de empleos en los Estados Unidos. Con más del 50 por ciento de las pequeñas empresas quebradas en los primeros cinco años de su existencia, existe una tremenda necesidad de recursos para abordar este importante motor económico.

Muchos cristianos se están uniendo a un movimiento para traer el Reino de Dios y los principios bíblicos a sus hogares y lugares de trabajo. Un modelo de esto se llama Marketplace Ministry. Los líderes empresariales y empresarios cristianos comparten la sabiduría, el conocimiento y la comprensión de cómo la salvación de Dios a través de Jesucristo puede impactar y fortalecer las comunidades empresariales locales. Los líderes saben que pasamos la mayor parte de nuestras vidas durmiendo, y gran parte de nuestro tiempo de vigilia lo pasamos en el lugar de trabajo haciendo nuestro trabajo. Gastamos tanta energía allí para tratar de tener éxito. Y puede ser la parte más estresante de nuestras vidas, con gran parte de nuestra existencia en el equilibrio entre el éxito y el fracaso doloroso.

Danny Skaggs es uno de esos líderes y emprendedores que asume el desafío de obtener un avance verdadero y significativo en la vida. Él tiene un gran y generoso corazón para elevar a las personas, en circunstancias de la vida real, a la promesa y la bendición de descubrir sus destinos en entornos comerciales.

Este libro informa, inspira y alienta al Cuerpo de Cristo (y a cualquiera que escuche) a aplastar la adversidad y experimentar avances en todo tipo de vida práctica, no solo en los negocios. Dios está en el centro de la historia de Danny de competir por el tipo de riquezas que solo la vida en Jesús puede permitirse. Cualquiera que se atreva a soñar el sueño americano de amor genuino a la vida, prosperidad auténtica y paz duradera apreciará este libro.

Conozco y amo a este hombre. ¡Él es el verdadero negocio! Es divertido, intensamente atento, perspicaz y muy atento.

Danny demuestra que nosotros también podemos convertirnos en la obra maestra de Dios.

Rvdo. Dr. Jack Sheffield
Presidente, Deep River Ministries
Autor de *God's Healing River*[1]

INTRODUCCIÓN

Este libro cuenta la increíble historia de nuestra supervivencia contra viento y marea, por lo que todos saben que nada de esto sucedió debido a nuestra fuerza o brillantez.

Para que sepan que esta es Tu mano; que tú, Señor, lo has hecho.
—Salmo 109: 27 KJV estadounidense

Nuestra historia trata sobre romper barreras en los negocios; sin embargo, los métodos que utilizamos se pueden aplicar en negocios, atletismo, ministerio de la iglesia, educación, militar, gobierno, derecho, atención médica o entretenimiento.

Las barreras aparecen en cualquier esfuerzo, e independientemente de cuáles sean, las leyes universales que rompieron nuestras barreras romperán las suyas.

Aplicamos leyes universales creadas por Dios, y ciertamente, Aquel que nos creó conoce el código innovador para cualquier barrera.

Los códigos innovadores en este libro han sido tomados de textos que fueron escritos hace siglos por Aquel que creó los códigos para desbloquear poder, recursos y sabiduría más allá de nuestras limitaciones. Los códigos son auténticos y pueden ser utilizados por cualquier persona que crea que su Autor invisible tiene el poder de hacer que funcionen, generación tras generación tras generación. Su autor garantiza los códigos. Son universales, por lo que cualquiera puede aplicarlos.

Había un pequeño pueblo donde todos los residentes se encontraban en algún momento todas las semanas del año. Todos se conocían por su nombre y siempre hablaban cuando se veían. Cualquier encuentro a menudo se convirtió en una conversación espontánea. La gente del pueblo notó que un hombre llamado Joe, que por cierto tenía un problema de tartamudeo, no había estado en la ciudad durante unas tres semanas.

Cuando reapareció en las calles de la ciudad después de su ausencia, se encontró con su amigo Sam. Su discusión sigue:

Sam: Hola Joe, ¿dónde has estado? No te he visto en tres semanas.

Joe: H-H-Hola S-S-S-Sam, h-he es-s-stado e-e-en l-la e-e-escuela d-de o-o-ooratoria.

Sam: Eso es realmente bueno, Joe. ¿Qué te enseñaron?

Joe: M-m-me e-e-ens-s-señaron a d-d-decir, ¿Cómo ahora vaca marrón? (Dijo esto sin tartamudear).

Sam: Joe, ¡eso es maravilloso!

Joe: N-no e-e-es m-m-m-muy b-b-bueno. R-r-rara vv-v-vez pp-p-p-uedes t-t-t-rabajar e-en l-l-la c-c-c-conversación.

INTRODUCCIÓN

Debido a que rara vez podemos trabajarlo en la conversación, escribimos este libro para describir los milagros que hemos presenciado y el poder que hemos descubierto que puede venir de nuestras bocas cuando alabamos a Dios y ofrecemos nuestras oraciones desde el corazón. Los siguientes capítulos conmemoran los asombrosos avances que nuestra familia y nuestro equipo de negocios experimentaron muchas veces a lo largo de los años.

Este libro le enseñará leyes universales que rompen cualquier barrera, superan cualquier obstáculo o esclavitud y logran el verdadero éxito y la prosperidad. Este libro es una hoja de ruta hacia la libertad. Te bendecimos para que encuentres verdadero éxito, prosperidad y libertad.

Dios usó a todos los miembros de Pharmacy Unlimited, así como a todas las personas nombradas en este libro. Eran sus agentes y sus instrumentos de bendición; por lo tanto, se usan nombres reales, donde sea posible, para honrar a las personas que fueron una bendición.

Uno

ESTAR EN EL NEGOCIO: UN SUEÑO PARA TODA LA VIDA

Conocí a Russ Bowman, quien fue mi socio en el establecimiento de Pharmacy Unlimited, en 1996 cuando entró a mi oficina y solicitó un trabajo como farmacéutico. En ese momento, estaba trabajando para Roger Lowe, un amigo y mentor de toda la vida. Estaba supervisando varias de sus tiendas de comestibles, cuatro de las cuales tenían farmacias. Necesitábamos un farmacéutico en ese momento, por lo que Russ fue contratado y se convirtió en empleado de los supermercados Lowe's.

Russ y yo nos hicimos amigos al instante, y discutíamos todo tipo de ideas de negocios por las tardes y, a veces, durante los fines de semana. Russ fue brillante, creativo y muy extrovertido. Rápidamente duplicó las ventas de la farmacia que administraba, y durante los años que administró esa farmacia, tocó las vidas de muchas personas de manera duradera.

En agosto de 1997, renuncié a mi puesto en Lowe's y busqué otra oportunidad que duró solo unos pocos meses, y luego fui a trabajar para una cadena nacional de farmacias. Durante este tiempo, Russ y yo continuamos discutiendo ideas de negocios. La esposa de Russ, Christine, una enfermera bien educada y exitosa, tuvo contactos con una compañía de salud y enfermería en el hogar que quería ampliar su operación para incluir una farmacia de infusión en el hogar.

Russ y yo estábamos muy interesados y comenzamos a hablar con los encargados de la toma de decisiones de la compañía de atención médica y enfermería en el hogar. Llegamos a un acuerdo para una asociación de 50-50, con Russ y yo siendo dueños del 50 por ciento de la nueva farmacia y la compañía de enfermería posee el 50 por ciento. Debía ser una farmacia de "puerta cerrada", lo que significaba que no estaba abierta al público. Pharmacy Unlimited todavía no está abierto al público, hasta el día de hoy.

En el acuerdo de asociación, la compañía de enfermería proporcionaría espacio de oficina, inventario, personal de apoyo y cualquier capital para equipo y otras cosas necesarias. Russ tenía algo de dinero, pero yo no tenía dinero para comenzar un negocio, por lo que esta idea era atractiva. Se firmó un acuerdo y abrimos el 2 de enero de 1999.

Durante los siguientes dos años, el concepto de infusión en el hogar no funcionó tan bien como cualquiera de los dos esperaba. El 10 de diciembre de 2000, el CEO de la compañía de atención médica domiciliaria y de enfermería nos notificó que querían terminar la asociación y que querían que saliéramos de su edificio antes del 31 de diciembre. transferir todas las licencias y permisos de la farmacia a una nueva ubicación como una nueva entidad. Aceptamos su generosa oferta.

En la nueva ubicación, nuestra principal fuente de ingresos provendría del suministro de medicamentos nebulizadores para pacientes de la Parte B de Medicare. Para evitar una brecha en la facturación a Medicare Parte B, no se cambió el nombre de Farmacia Ilimitada, y los asesores legales de la compañía de salud en el hogar decidieron que Kara Skaggs, mi esposa, debería convertirse en la socia de reemplazo de la compañía de salud en el hogar. La compañía de salud en el hogar nos dio software, computadoras, un inventario valorado en $ 18,000 y suministros.

NUEVA UBICACIÓN, COMIENZO HUMILDE

El 2 de enero de 2001, Pharmacy Unlimited abrió sus puertas en 206 East 16th Street en Odessa, TX, en una asociación de 50-50 con Russ con el 50 por ciento y Kara y yo el 50 por ciento. La farmacia dispensó medicamentos nebulizadores para pacientes de la Parte B y recetas para presos en una cárcel del condado, y estuvo abierto de 9:00 a.m. a mediodía, de lunes a viernes.

Russ continuó trabajando en los supermercados Lowe's, y comencé a trabajar a tiempo completo como farmacéutico en la farmacia para pacientes hospitalizados del Medical Center Hospital en Odessa. Mi horario en el hospital era a partir de las 12:30 p.m. hasta las 11:00 p.m.

Russ y yo trabajamos en Pharmacy Unlimited sin paga. Russ era nuestra persona de TI y era responsable de adquirir y mantener nuestras computadoras, software y sistema telefónico. Ambos llenamos recetas e hicimos otras cosas necesarias en la farmacia.

Para mayo de 2001, necesitábamos más ingresos, así que comenzamos a surtir recetas para pacientes de hogares de ancianos. Solicitamos y obtuvimos un préstamo de la Administración de Pequeñas Empresas (SBA) de aproximadamente $ 170,000. Contratamos a Van Bowman, el hermano de Russ, para comercializarnos y comenzamos a trabajar para expandir nuestras ventas.

Van era un gran comercializador y pronto obtuvo dos contratos con la Compañía A. Pharmacy Unlimited completó sus primeras recetas para hogares de ancianos el 31 de octubre de 2001. Pronto, Van consiguió cinco contratos más con la Compañía B, y comenzamos a surtir recetas para ellos en Enero de 2002.

Estar en el negocio había sido un sueño tanto para Russ como para mí. Pensamos que nuestros sueños de negocios se estaban haciendo realidad.

Por lo tanto, cuando tuvimos éxito en la obtención del préstamo de la SBA y en la obtención de contratos de hogares de ancianos, nos emocionamos. Pensamos que nuestros sueños de negocios se estaban haciendo realidad; Sin embargo, los sueños rápidamente pasaron a una realidad no tan dulce.

UNA AMENAZA PARA NUESTRA EXISTENCIA

Para el 1 de febrero de 2002, era evidente que el préstamo de la SBA no era lo suficientemente grande como para comprar inventario, financiar cuentas por cobrar, pagar salarios y pagar otros gastos necesarios para mantener el negocio. Siempre pude pedir dinero prestado y esperaba que el banco actual de la farmacia estuviera dispuesto a prestar más. El banco dijo que no. Fui a otros dos bancos y les pedí que prestaran dinero a Pharmacy Unlimited, y los tres bancos dijeron que el negocio estaba demasiado apalancado para calificar para otros préstamos. Los bancos observaron nuestra cantidad finita de dinero, ganancias, ingresos, clientes y deudas enormes, y dijeron que no nos prestarían dinero. Cuestionaron nuestra capacidad para pagar un préstamo. No culpo a los bancos porque, desde su punto de vista, las cosas no eran tan sólidas financieramente como Russ y yo pensé que lo eran.

Nuestra necesidad insatisfecha de dinero fue una advertencia de desastre. Sin dinero adicional para operar, nuestro nuevo negocio parecía tener un futuro de unas pocas semanas. Mi visión y razonamiento limitados sugirieron que "apagáramos las luces y nos fuéramos a casa" porque las circunstancias parecían imposibles. En poco más de un año después de abandonar la asociación segura con la compañía de salud en el hogar, Pharmacy Unlimited ya enfrentaba su primera amenaza a la existencia. . . y fue una amenaza abrumadora.

En el ámbito natural, no teníamos a quién recurrir para pedir ayuda.

SUPERANDO NUESTRA PRIMERA BARRERA

Como humanos, nuestras habilidades para ver y razonar son finitas; por lo tanto, nuestras soluciones a los problemas son finitas. Todo lo que pudimos ver fue la falta de capital debido a la falta de voluntad de los bancos. No pudimos ver ninguna solución, y pensamos que nuestros problemas tenían el potencial de llevarnos a la bancarrota.

¿Sabías que los humanos pueden ver menos del 1 por ciento del espectro de luz? El ojo humano es tan limitado en lo que puede ver que más del 99 por ciento del espectro electromagnético (luz) no es visible para el ojo humano. Los científicos afirman que si el ojo humano pudiera discernir todo el espectro de luz, la luz del día sería menos del 1 por ciento más brillante que la noche.

En otras palabras, si nuestra visión no fuera limitada, sería difícil distinguir la diferencia entre el día y la noche.[2]

Si nuestra visión no tuviera limitaciones humanas, sería difícil diferenciar el día de la noche.

A continuación hay una Escritura escrita unos 3.000 años antes de que se descubriera el hecho científico anterior. Es interesante que los científicos descubrieron el espectro de la luz utilizando instrumentos que no existían cuando se escribió la Escritura. ¿Cómo se supo este hecho antes de que los científicos pudieran descubrirlo?

No hay tal cosa como la oscuridad contigo. La noche, para ti, es tan brillante como el día; No hay diferencia entre los dos.
—Salmo 139: 12 TPT

Muchas personas han escuchado que los humanos usan menos del 10 por ciento de sus cerebros. El cerebro humano ha desarrollado inventos e innovaciones que hacen la vida mucho más fácil de lo que solía ser, pero ¿tendríamos 10 veces más inventos e innovaciones que nosotros si pudiéramos usar todos nuestros cerebros?

Si nuestros cerebros no funcionaran con esa aparente limitación, ¿nuestro nivel de comprensión y logro sería 10 veces mayor de lo que es actualmente? O, si pudiéramos ver más del espectro de luz y usar más del 10 por ciento de nuestros cerebros, ¿habríamos podido encontrar una solución en ese momento difícil? No lo sé.

Pero en ese momento, no teníamos suficiente dinero para continuar en el negocio. Fuimos a tres bancos en busca de préstamos, y cada uno de los bancos nos rechazó. Parecía que no podríamos sobrevivir como un negocio. Los bancos vieron nuestra cantidad finita de dinero, ganancias, ingresos, clientes y una deuda relativamente grande y concluyeron que no era prudente prestarnos dinero. Si los banqueros hubieran sido doctores, nos habrían dicho que teníamos una enfermedad terminal y que deberíamos ordenar nuestras vidas.

Estábamos vendiendo recetas para ayudar a muchas personas, sin embargo, no podíamos dispensar una receta para romper la barrera en nuestro negocio.

En una visión general simplificada, estábamos vendiendo recetas para ayudar a muchas personas, sin embargo, no podíamos dispensar una receta para romper la barrera en nuestro negocio.

CAMINANDO CON FUERZA

Durante este mismo período de tiempo, alrededor de febrero y marzo de 2002, comencé a caminar por nuestro vecindario todas las noches después del anochecer. Mientras caminaba, usé lo que me habían enseñado en la iglesia: alabaría a Dios por unos 30 minutos. Usé versos de las Escrituras que aprendí a lo largo de mi vida para alabar a Dios, así como alabarle por quién es Él y cuán vasta e infinita es su creación. Luego, durante unos 30 minutos más, diría bendiciones sobre el negocio. Bendecí que el negocio tuviera un

21

capital de crecimiento excedente (a pesar de que no podíamos pedir prestado dinero), mejores prácticas en farmacia, buena rentabilidad, sin deuda, buen flujo de caja, flujo de caja suficiente para cubrir el crecimiento y posibles clientes que nos contactan. Todas las noches durante una hora caminé por el vecindario alabando a Dios y bendiciendo a Pharmacy Unlimited. Lo hice durante al menos ocho años. Cada vez que conducía cualquier distancia en las autopistas, yo hacía lo mismo: alabar a Dios y bendecir a Pharmacy Unlimited.

VENTAJA FUNDAMENTAL

Fundamental significa vitalmente importante y crucial. *Ventaja* significa superioridad de posición o condición, beneficio o ganancia, según el Séptimo Nuevo Diccionario Colegiado Webster de G. & C. Merriam Company, Publishers.[3] Por lo tanto, *una ventaja fundamental* es un beneficio de vital importancia o una posición crucialmente superior.

La caminata nocturna por el vecindario nos dio una ventaja fundamental contra la amenaza a nuestra existencia.

Dos

IDENTIFICANDO ENEMIGOS Y ROMPIENDO BARRERAS

Durante aproximadamente 15 años, Kara y yo asistimos a una iglesia donde Don y Pat Palmer fueron nuestros pastores. La enseñanza que recibimos de ellos avanzó nuestro conocimiento del Reino de Dios y los principios de Dios. Llamé al Pastor Don y le dije que Pharmacy Unlimited tenía problemas financieros y que debíamos contar con la ayuda urgente de Dios para poder sobrevivir. A fines de febrero de 2002, Don organizó que Kara y yo nos reuniéramos con él, Pat y otras dos parejas el martes por la noche en la Iglesia Life Unlimited. El grupo oró por nuestro negocio y por nosotros, de 30 minutos a una hora. Una mujer del grupo sugirió que encontráramos una Escritura que nos hablara, la repitiéramos a menudo y la convirtiéramos en una práctica fundamental para permanecer en el negocio y obtener la ayuda que necesitábamos de Dios. A continuación se muestra la Escritura que elegí:

> *Invocaré al Señor que es digno de ser alabado: así seré salvo de mis enemigos. —Salmo 18: 3 KJV estadounidense*

Nuestros desafíos (o "enemigos" actuales) eran la falta de flujo de efectivo y la incapacidad de pedir dinero prestado a cualquier banco. Como reflejo, podríamos haber reformulado la Escritura para leer: "Invocaré al Señor, quien es digno de ser alabado: así seré salvo de la falta de flujo de caja y la incapacidad de pedir dinero prestado de cualquier banco". Desafortunadamente, estaba no en paz lo suficiente en el momento de confesarlo de esa manera, pero seguramente lo diría de esa manera ahora. Ciertamente, Dios sabía lo que necesitábamos y trabajamos en nuestro nombre, incluso si no identificamos a nuestros enemigos como falta de flujo de efectivo e incapacidad para pedir dinero prestado cuando citamos esa Escritura.

Pasaron aproximadamente dos semanas y no apareció ninguna forma de ayuda financiera o avance, después de orar con las otras tres parejas en la iglesia. Las cosas se veían mucho peor en este punto, aunque Russ puso otros $ 10,000 de su dinero en el negocio. Estaba empezando a estar de acuerdo con los bancos, y comencé a reunirme con nuestros empleados individualmente. Les dije que parecía que el negocio iba a fracasar y que querrían encontrar otro trabajo.

Russ y yo acordamos que necesitaba decirle a Van que ya no podíamos permitirnos pagarle. Van dejó nuestro empleo, pero eso no fue una solución para nuestros problemas de flujo de efectivo.

Llamar a cada empleado a un lado y decirles que probablemente fracasaríamos como empresa fue una de las cosas más humillantes que he hecho. Decirle a cada persona individualmente, cara a cara, me hizo reconocer el orgullo que había llevado toda mi vida. Fue tan incómodo que tuve que reunir el coraje para hablar con cada persona.

¿DIOS HACE MILAGROS HOY?

Necesitábamos más capital. Los bancos, que son la fuente estándar de capital, dijeron que no a nuestra solicitud; Esto nos empujó a una posición desesperada. Necesitábamos un milagro para mejorar nuestras circunstancias, por lo que recurrimos a la Biblia en busca de aliento e instrucción porque tiene muchas historias de milagros. El Instituto de Estudios de Creación dice que se registran 233 milagros tanto en el Antiguo como en el Nuevo Testamento. Puede encontrar esta información en su sitio web.[4] Además, algunas personas que escribieron los libros de la Biblia declararon que no todos los milagros que Dios realizó fueron escritos en la Biblia. La Biblia parecía una buena fuente de inspiración para nosotros.

Las historias en la Biblia son sobre personas en lugares imposibles que fueron liberados de esos lugares por Dios. Dado que muchas de esas historias bíblicas involucran a profetas, sacerdotes y reyes judíos, probablemente sea común pensar que debes ser judío, profeta, sacerdote o rey para que Dios haga un milagro en tu nombre. Además, es probable que sea común pensar que, a menos que esté en una misión asignada por Dios, Él no realizará un milagro en su nombre. Algunos teólogos creen que Dios ya no hace milagros en los tiempos modernos.

Esos pensamientos y creencias nos crearon barreras cuando consideramos pedirle a Dios un milagro; por lo tanto, tuvimos que superar dos grandes preguntas: 1) ¿Dios todavía hace milagros hoy? Y 2) ¿hará Dios un milagro por nosotros?

No estábamos buscando opiniones de personas o doctrinas de la iglesia para nuestras respuestas; Estábamos buscando lo que Dios dijo en su Palabra acerca de hacer milagros en nuestros días.

Kara y yo no nacimos judíos; somos gentiles (el resto del mundo), pero los gentiles están incluidos en los planes de Dios. La Biblia fue dada al mundo a través de la nación de Israel, y los israelitas se conocen como el pueblo elegido de Dios. La Biblia revela que Dios tenía la intención de que todo el mundo recibiera su mensaje como se muestra en las siguientes Escrituras. Una buena parte del Nuevo Testamento declara que es la voluntad de Dios que el Evangelio sea llevado a los gentiles (todas las naciones). Por favor considere las siguientes Escrituras:

En primer lugar, a los judíos se les han confiado las mismas palabras de Dios. —Romanos 3: 2 NVI

Porque no me avergüenzo del evangelio, porque es el poder de Dios lo que trae salvación a todos los que creen: primero al judío, luego al gentil. —Romanos 1: 6 NVI

¿O es Dios el Dios de los judíos solamente? ¿No es él también el Dios de los gentiles? Sí, también de los gentiles, ya que solo hay un Dios, que justificará a los circuncidados por fe y a los incircuncisos a través de esa misma fe. —Romanos 3:29 NVI

Las historias bíblicas de Rahab y Rut establecen un precedente de que Dios realizará milagros para las personas que no son judías, profetas, sacerdotes o reyes. Rahab y Rut eran extranjeros (gentiles). Una era prostituta y la otra era una joven viuda nacida en un país que Dios había maldecido. Ambos eran personas muy comunes que vivían en circunstancias que no ofrecían esperanza; sin embargo, sus circunstancias cambiaron milagrosamente por lo que hablaron. Las palabras que hablaron estas dos mujeres los llevaron al linaje del rey David y el rey Jesús.

Salmón el padre de Booz, cuya madre era Rahab, Booz el padre de Obed, cuya madre era Rut, Obed el padre de Jesé y Jesse el padre del rey David. —Mateo 1: 5-6 NIV

Cuando un extranjero reside entre ustedes en su tierra, no lo maltrate.
—Levítico 19:33 NVI

Encontrarás la historia de Rahab en Josué 2: 1-21 y Josué 6:17. Encontrarás la historia de Rut en el libro de Rut en el Antiguo Testamento.

Estábamos desesperados y creíamos que Dios haría un milagro por nosotros. Si el negocio fracasara, estaríamos muy endeudados. Nuestras desesperaciones nos mantuvieron enfocados en la caminata de poder y la oración.

NUESTRO PRIMER MILAGRO

Un viernes por la mañana de marzo de 2002, decidí notificar a nuestros clientes que Pharmacy Unlimited iba a cerrar y que tendrían que encontrar otra farmacia. Justo cuando estaba terminando los pensamientos de ese plan, Bob Avary, un amigo, llamó y me preguntó qué estaba pasando. Le dije. Bob me invitó a almorzar para escuchar más sobre mis desafíos. Al final de ese día, Bob había acordado que él y su hermana prestarían $ 100,000 a Pharmacy Unlimited. La confianza de Bob en poner tanto dinero en Pharmacy Unlimited me dio confianza para pedir prestados $ 80,000 a mi madre.

De esa llamada telefónica, Pharmacy Unlimited de repente tuvo dinero operativo que no provenía de los bancos. Nos liberaron de la gran amenaza que podría haber cerrado nuestras puertas.

Por esta época, Russ heredó una hermosa propiedad frente al mar en el Lago LBJ (Lago Lyndon B. Johnson) y fue un sueño hecho realidad para él. Russ quería venderse en Pharmacy Unlimited y mudarse a su propiedad recién adquirida frente al lago. Fue una elección que cualquiera de nosotros hubiera asumido el control de las cosas en un negocio en dificultades. Russ y yo disfrutamos pescando y ya habíamos pescado antes en la propiedad recién heredada. Habría hecho exactamente lo mismo si hubiera estado en su lugar.

Necesitábamos comprar el interés de Russ en la compañía. Kara y yo hablamos con Bill Elms, un CPA muy respetado y el socio principal de la firma de CPA que empleó a Kara, acerca de evaluar el valor del 50 por ciento de Pharmacy Unlimited.

Bill fijó el valor de la mitad de Russ en aproximadamente $ 45,000. Bob Avary elaboró un acuerdo de compra simple, que consta de términos para un pago inicial de $ 1,000 en efectivo y 60 pagos mensuales para el saldo. El primer pago se realizó en octubre de 2002.

El acuerdo para la compra a cinco años de la mitad del negocio de Russ se firmó en la primera semana de mayo de 2002. Russ no sabía cuánto estaba rezando para que hiciéramos esos 60 pagos y los hiciéramos a tiempo.

Gran parte de las Escrituras promete la voluntad de Dios de ayudar a las personas que se encuentran en circunstancias imposibles. Las Escrituras son de naturaleza histórica y profética, y dicen tanto lo que Dios ha hecho en el pasado como lo que hará en el futuro por la nación de Israel, el mundo y cualquier persona que confíe en Él.

Kara y yo aceptamos de todo corazón la noción de que las promesas de las Escrituras no tienen restricciones de tiempo, nacionalidad, dispensación, denominación u otro razonamiento de mentes finitas. Aunque nuestras circunstancias eran diferentes, Kara y yo estábamos tan desesperados como Rahab y Ruth, por lo que rechazamos la idea de que Dios no hace milagros hoy.

Creíamos que teníamos nuestras respuestas: Dios todavía hace milagros hoy y haría milagros por nosotros.

LO QUE CREES (EN LO QUE ACTÚAS) ES CRÍTICO

Joe Amaral, en su libro *Entendiendo a Jesús: percepciones culturales de las palabras y los hechos de Cristo,*[5] describe la fe: "La fe es lo que nos impulsa a continuar cuando nuestras circunstancias nos dicen algo diferente. La fe es lo que nos da la esperanza de perseverar contra viento y marea. Está en el centro de quiénes somos como seguidores de Cristo". La fe en Dios fue la única razón por la que seguimos adelante.

INSPIRACIÓN DE UN ROMPE BARRERAS

Roger Bannister rompiendo la barrera de una milla de cuatro minutos siempre ha sido una historia fascinante para mí porque creía que podía romper una barrera que muchos creían imposible. Claire Nana, LMFT, escribió un párrafo que describe mejor esto en su artículo de mayo de 2017 titulado "La milla de cuatro minutos, la maratón de dos horas y el peligro de los techos de vidrio":[6]

"Antes de que Roger Bannister rompiera la milla de cuatro minutos el 6 de mayo de 1954, en Iffley Road Track en Oxford, los fisiólogos, los médicos y los propios atletas habían afirmado que correr una milla en menos de cuatro minutos no solo era imposible, en realidad podría conducir a a muerte. El cuerpo humano simplemente no estaba equipado para lograr tal hazaña, dijeron. En un nivel más profundo, el mensaje era claro: hay ciertos límites acerca de nosotros mismos que debemos observar, ciertos límites que simplemente no podemos superar. **Bannister tenía una creencia diferente.** En ese momento, mientras estudiaba para ser médico, Bannister no solo pensaba que el cuerpo humano podría, de hecho, correr una milla en menos de cuatro minutos, sino que él era el que debía hacerlo. Y después de que rompió el récord ese día en Oxford, corriendo 3 minutos, 59.4 segundos, solo 46 días después, el récord se rompió nuevamente".

Esta historia me inspira porque Roger Bannister rompió con éxito una barrera **porque creía que podía.** Después de que rompió la barrera, muchos otros lograron atravesar la misma barrera, y su récord mundial por correr la milla duró solo 46 días. Hasta que Roger Bannister rompió la barrera de los cuatro minutos, el pensamiento predominante había mantenido la barrera bajo una premisa defectuosa. Después de que se demostró que la premisa era defectuosa, la barrera ya no existía. Entonces, si estamos viendo circunstancias con una premisa defectuosa, ¿estamos creando una barrera que no debería estar allí?

Lo fascinante de las barreras es que después de que una barrera se rompe, es más fácil para otros romper la misma barrera. En su artículo en Smithsonian.com titulado "Cinco cosas que debe saber sobre Roger Bannister, la primera persona en romper la milla de 4 minutos", Jason Daley reflexionó sobre esto diciendo: "Kevin J. Delaney en *Quartz* informa que los registros de Bannister no viven mucho más allá del verano de 1954.[7] Desde entonces, solo 500 hombres estadounidenses han superado la marca de los 4 minutos, incluidos 21 que lo han hecho desde principios de este año".

Tres

ALGO MÁS VALIOSO QUE EL ORO

Lo que realmente necesitábamos en nuestro negocio no estaba disponible en los bancos, pero nos tomó un tiempo darnos cuenta de esto.

Había una vez un hombre rico que tenía mucho oro. Estaba muy orgulloso de sus riquezas. Este hombre oraba todo el tiempo y estaba muy cerca del Señor. Una noche, mientras rezaba, sintió que pronto moriría. En su oración, le pidió permiso al Señor para traer al Cielo un artículo muy importante para él. En su gran amor y sabiduría, el Señor respondió que las cosas terrenales no están permitidas en el Cielo, pero debido a que habían estado tan cerca en la oración, haría una excepción. Muchas historias y chistes representan a San Pedro manejando las puertas nacaradas del Cielo, así que usaremos esa imagen aquí. Por lo tanto, la historia cuenta que el hombre rico murió y llegó a la puerta perlada del Cielo con una maleta llena de oro. Su conversación con San Pedro sigue:

San Pedro: Señor, no puede traer esa maleta al cielo.

Hombre rico: El Señor me ha dado permiso para llevar mi maleta al cielo. ¿Por qué no verificas con Él?

San Pedro: No estoy seguro de eso, pero lo comprobaré. Me iré un rato. Espera aquí.

San Pedro se fue a preguntar al Señor, y luego regresó.

San Pedro: Señor, el Señor le aprobó llevar su maleta al cielo. Me pidió que inspeccionara su contenido antes de entrar.

San Pedro abrió la maleta del hombre y luego habló con el hombre.

San Pedro: Señor, si pudiera traer algo al cielo, ¿por qué traería pavimento?

UN SISTEMA DE VALOR SUPERIOR

La broma acerca de llevar oro al cielo ilustra la diferencia en los sistemas de valores de los dos reinos: el reino natural versus el reino celestial. Lo que es precioso, raro y encerrado en bóvedas en el reino natural es tan común en el reino celestial que se coloca en las calles para caminar. Si se sigue el preciado estándar de riqueza en el reino natural en el reino celestial, entonces ¿cuál es el mayor valor en el cielo? ¿Es posible que lo que es más valioso en el reino celestial también sea más valioso que el oro en el reino natural?

La ilustración del valor del oro en los reinos natural versus celestial sugiere un contraste provocativo en el valor. Lo que es raro y valioso en la tierra es tan común en el Cielo que se usa como material de construcción. Identificar lo que está en la cúspide del valor en el Cielo sin duda será de mayor valor en la tierra, incluso si no tenemos la sabiduría para considerarlo como tal. Estas Escrituras nos dan una pista:

> *. . . porque has engrandecido tu palabra sobre todo tu nombre.*
> *—Salmo 138: 2b KJV estadounidense*

. . . porque has exaltado tanto tu solemne decreto que supera tu fama.
—Salmo 138: 2b NVI

. . . ¡porque las promesas de Tu palabra y la fama de Tu nombre se
han magnificado por encima de todo! —Salmo 138: 2b TPT

En el cielo, el nombre de Dios y su palabra se exaltan sobre todo
lo demás.

El nombre de Dios y su Palabra son la cúspide del valor en el cielo.

Vale la pena establecer en nuestros procesos de pensamiento
que todo en el reino natural está subordinado al gobierno del reino
celestial. Lo que está debajo se rige por lo que está arriba. El reino
celestial es eterno. . . eterno. El reino natural es temporal. . . está
envejeciendo y no es eterno.

Entonces, dicho de otra manera, lo eterno gobierna lo temporal.
Independientemente de nuestra falta de discernimiento y comprensión, lo que es de gran valor, importancia y poder en el reino celestial y eterno tiene el mismo gran valor, importancia y poder en el
reino natural y temporal. Como establecimos en el último párrafo,
la Palabra de Dios y Su nombre gobiernan en el ámbito natural.

Así será mi palabra que saldrá de mi boca: no volverá a mí vacía, sino que cumplirá lo que me plazca, y prosperará en lo que lo envié.
—*Isaías 55:11 KJV estadounidense*

Así es mi palabra que sale de mi boca: no me volverá vacía, sino que logrará lo que deseo y alcanzará el propósito para el cual lo envié.
—*Isaías 55:11 NVI*

Proverbios 8: 10-11 revela que las cosas que aseguramos en bóvedas como oro, plata y joyas no son las más valiosas. Estos dos versículos revelan la existencia de algo mucho más valioso que el dinero que no pudimos pedir prestado.

Mi sabia corrección es más valiosa que la plata o el oro. El oro más fino no es nada comparado con el conocimiento revelador que puedo impartir. La sabiduría es tan invaluable que excede el valor de cualquier joya. Nada de lo que puedas desear puede igualarla.
—*Proverbios 8: 10-11 TPT*

Dado que el reino natural está subordinado al reino celestial, saber lo que tiene el mayor valor en el Cielo es una **ventaja fundamental** en las circunstancias aquí en la tierra.

NOTICIAS DEVASTADORAS

La segunda semana de mayo de 2002, una semana después de comprometernos a comprar a Russ, supe que nuestro cliente más grande, la Compañía B, se había declarado en bancarrota del Capítulo 11. Cuando supe esto, estaba en Pampa, Texas, en uno de los hogares de ancianos de la Compañía B, y cuando conducía a casa desde Pampa, me llevó una hora o más recuperarme de mi estado de aturdimiento. Nuestra cuenta más grande nos debía dinero y se habían declarado en bancarrota. Apenas lo estábamos logrando, y nos habíamos comprometido a comprar la mitad de la farmacia de Russ Bowman. Era obvio que el poder de Dios era la única solución a esta nueva amenaza para Pharmacy Unlimited. Lo mejor que pude, alabé a Dios por su poder sobre todas las circunstancias.

Al llegar a casa, supe que la Compañía B le debía a Pharmacy Unlimited alrededor de $ 60,000. Como no había una perspectiva inmediata de que se pagara eso, contacté a nuestro banco y les dije que necesitaba $ 50,000 y que pagaríamos el préstamo y los intereses mensualmente durante los próximos 12 meses. El banco aceptó el préstamo y los términos en lugar de tomar posesión de Pharmacy Unlimited.

En este momento, pensé que Russ Bowman era definitivamente más listo que yo. Había vendido su interés en nuestra sociedad antes de recibir la noticia de la quiebra de la Compañía B. Russ estaba libre del estrés del negocio, y no solo seguía lidiando con eso, sino que acababa de enterarnos de otra amenaza devastadora para nuestra existencia. Con esta noticia, las cosas estaban tan desesperadas financieramente que me sorprende que Kara no haya emitido un ultimátum que abandonemos este proyecto fallido y nos liberemos de las circunstancias abrumadoras; sin embargo, en lugar de un ultimátum, se unió a mí en oración, trabajó sin paga y creyó que lo lograríamos.

En los días, semanas y meses siguientes, Kara y yo oramos mucho. Incluso con el préstamo de $ 50,000, las finanzas eran ajustadas. Había dejado de trabajar a tiempo completo en el hospital en noviembre de 2002, y no me pagaban un salario por mi trabajo a tiempo completo en Pharmacy Unlimited. Cuando pude, hice un trabajo de farmacéutico de alivio por las tardes o los sábados para complementar los ingresos. Kara y yo estábamos viviendo con su salario de la firma de contabilidad que la empleaba, y cuando nuestros gastos de vida excedían su salario cada mes, agregamos el saldo a nuestra deuda de tarjeta de crédito.

Durante este tiempo, pagamos al menos dos nóminas para todo nuestro personal al pedir prestado el dinero de nuestras tarjetas de crédito personales. En tres ocasiones distintas, tuve que llamar a nuestro mayorista de medicamentos (la compañía que nos vendía los medicamentos que despachamos) para decirles que solo podíamos hacer un pago parcial en el estado de cuenta que vencía dos veces al mes. El saldo del pago parcial siempre se pagaba dentro de una semana, y el mayorista siempre le cobraba a la farmacia un recargo considerable por demora.

Seguía diciendo: "Es solo dinero". Dije que tan a menudo se convirtió en un hábito, y ese hábito empequeñeció las barreras en una mejor perspectiva. A pesar de las amenazas como bancos reacios y quiebras de clientes, Kara y yo oramos y confiamos en que Dios nos suministrara el dinero que necesitábamos para pagar las cuentas y mantenernos solventes. Dios nunca nos decepcionó.

Seguimos así, y agregamos tres clientes muy buenos en junio, julio y octubre de 2002, y en octubre de 2002, agregamos un farmacéutico a tiempo parcial al personal de la farmacia. En diciembre de 2002, el negocio estaba creciendo más, el farmacéutico a tiempo parcial se convirtió en tiempo completo y las facturas y facturas se pagaban a tiempo.

Kara y yo estábamos creciendo en nuestra fe en Dios y en nuestras relaciones personales con Dios. Dicho de otra manera, Kara y yo estábamos empezando a realmente "conocer a Dios" en lugar de solo "conocer a Dios". Las dificultades financieras y las amenazas a Pharmacy Unlimited fueron las formas en que Kara y yo realmente conocimos a Dios, Su Palabra y el verdad, poder, estabilidad, permanencia, protección, esperanza y liberación que yacen escondidas como un tesoro en la Palabra de Dios. . . esperando el descubrimiento de cualquier persona que crea y busque.

Continué caminando por la noche, usando versos de las Escrituras para alabar a Dios por quién es Él y cómo Él vela por Su Palabra que se habla de nuestras bocas. Mi patrón siempre fue el mismo: 30 minutos alabando a Dios fuera de las Escrituras y 30 minutos pronunciando bendiciones en Pharmacy Unlimited.

Es importante recordarle que los bancos no nos prestarían dinero. Nuestro propio banco solo nos prestó $ 50,000 para que no tuvieran que asumir la farmacia. Es importante recordarle que bendijo a Pharmacy Unlimited todas las noches para tener más capital de crecimiento del que necesitábamos.

El conductor de Pharmacy Unlimited condujo alrededor de 350 millas diarias para entregar medicamentos a nuestros clientes, y Bob Avary ofreció el uso de un vehículo de 1987 que poseía sin cargo. Para evitar agregar costos a nuestra operación, decidimos usarlo para entregas y descubrimos que el consumo de combustible del vehículo era bajo. Los gastos operativos del vehículo también fueron caros y después de dos meses, compramos una nueva camioneta F-150 de dos puertas que no transportaría más de tres pasajeros. El ahorro de combustible de la camioneta en comparación con el vehículo de 1987 ahorró lo suficiente como para hacer su pago mensual.

UN AVANCE MILAGROSO

En agosto de 2003, dos mujeres de un banco que nunca habíamos visitado durante nuestros esfuerzos de financiación anteriores entraron en Pharmacy Unlimited y declararon que estaban buscando nuevos negocios. En otras palabras, dijeron: "Estamos aquí para prestarle dinero". Necesitábamos un banco que creyera en nosotros como un negocio, por lo que Kara comenzó a trabajar con las dos damas en la transferencia a su banco.

El presidente de su banco vino a hablar con nosotros y nos explicó cómo llegaron al monto del préstamo. Lo creas o no, esa fórmula produjo la cantidad de dinero que necesitábamos para el crecimiento futuro. Estaban ansiosos por ayudarnos en otras áreas que también nos beneficiaron. Nuestra relación con nuestro nuevo banco comenzó y teníamos $ 250,000 disponibles para prestar. Parecía que se nos hubiera quitado el reproche.

A los 18 meses de comenzar a bendecir nuestro negocio con más capital de crecimiento del que necesitábamos, representantes de un banco ingresaron a nuestro negocio en busca de la oportunidad de prestarnos dinero. Estaban tan ansiosos por ayudarnos que compraron un préstamo que teníamos con Ford Motor Credit y lo trasladaron a su banco a una tasa de interés menor. Ese préstamo fue para la recolección que compramos.

Las caminatas nocturnas continuaron. Las bendiciones habladas de capital de crecimiento, rentabilidad, ser un líder de mejores prácticas, libertad de deuda, flujo de efectivo de financiamiento de crecimiento y posibles clientes atraídos por Pharmacy Unlimited continuaron. Ciertamente, las alabanzas a Dios continuaron. Nuestra fe en hablar sobre nuestras circunstancias ciertamente fue alentada por la actitud de nuestro nuevo banco hacia nosotros.

MÁS AVANCES MILAGROSOS

En enero de 2004, Kara y yo estábamos en Dallas visitando a nuestra hija y a su esposo un sábado por la mañana cuando sonó el teléfono celular de Kara. La madre y el padre de Kara querían "prestarnos" $ 100,000. Kara y yo no habíamos pedido el "préstamo" ni les habíamos mencionado la necesidad de dinero. Muy inesperadamente y no influenciados por ninguna información de nosotros, la madre y el padre de Kara nos ofrecían $ 100,000. Este dinero sería capital de crecimiento para Pharmacy Unlimited.

Unos meses más tarde, la madre y el padre de Kara volvieron a llamar y agregaron otros $ 50,000 al "préstamo", lo que hace que el total que nos habían "prestado" $ 150,000. Pharmacy Unlimited tenía más capital de crecimiento del que necesitábamos, y Kara y yo crecimos en la fe. Como puedes imaginar, estábamos conociendo a Dios a través del poder de Su Palabra y Su ayuda en nuestras circunstancias. Más tarde supimos que los padres de Kara estaban "prestando" la misma cantidad de dinero a sus dos hijos y que su regalo no estaba motivado por ningún conocimiento de nuestras circunstancias.

¿Puedes creerlo? Ahora teníamos más capital de crecimiento del que necesitábamos, exactamente como se expresaron las bendiciones en Pharmacy Unlimited. ¡Lo que hablamos sobre nuestras circunstancias se había hecho realidad! Aún más sorprendente fue la constatación de que el dinero nos llegó sin ningún esfuerzo de nuestra parte para pedirlo.

NUESTRAS RESPUESTAS SALIERON DE NUESTRAS BOCAS

Aquí está mi conclusión de las experiencias anteriores: Las cosas que parecen fallas no son fallas a menos que empieces a llamarlas así. Las cosas que parecen fallas pueden convertirse en éxitos si las llamas así.

La lengua tiene poder para traer la muerte. . . o la vida . . dependiendo de lo que diga constantemente.

Por sus palabras habladas que traen vida a las personas o circunstancias, un aparente fracaso se transforma y se redime a través del poder de Dios, que Él ha colocado misteriosamente en Su Palabra y en nuestras lenguas que hablan Su Palabra. Nuestro error es pensar que este proceso siempre ocurre instantáneamente.

Aquí hay una Escritura de dos traducciones de la Biblia para establecer mis declaraciones anteriores:

La muerte y la vida están en el poder de la lengua: y los que la aman comerán su fruto. —Proverbios 18:21 KJV estadounidense

La lengua tiene el poder de la vida y la muerte, y los que la aman comerán su fruto. —Proverbios 18:21 NVI

Es sorprendente para mí reflexionar sobre nuestras pruebas y darme cuenta de que nuestras respuestas y nuestra ayuda salieron de nuestras bocas. . . nuestras bocas hablan alabanzas a Dios y bendiciones. ¡Las respuestas y la ayuda para nuestros problemas salieron de nuestras bocas! **No dijimos cómo se veían las cosas; en cambio, hablamos de cómo queríamos que se vieran las cosas.**

El poder en las promesas de la Palabra de Dios que se habló de nuestras bocas cambió las cosas.

Podemos crear soluciones o problemas con nuestras bocas. Las Escrituras en Proverbios ofrecen aliento y advertencia sobre lo que sale de nuestras bocas.

A continuación hay una Escritura con una advertencia.

Estás atrapado con las palabras de tu boca; eres tomado con las palabras de tu boca. —Proverbios 6: 2 KJV estadounidense

EN RESUMEN

Aunque la falta de capital de crecimiento y flujo de caja fueron barreras, rompimos esas barreras al usar algo más valioso que el dinero. . . Más valioso que el oro. Lo que utilizamos no se encontró encerrado en bóvedas bancarias. Al negarse a prestarnos dinero, los bancos nos permitieron descubrir algo más valioso que el dinero.

Nuestra aparente necesidad era dinero; nuestra verdadera necesidad eran todos los recursos del cielo.

Independientemente de cuán siniestro y premonitorio sea la barrera en su camino, se elimina fácilmente por el poder infinito de Dios liberado cuando las promesas de Su Palabra se expresan contra esa barrera. La Palabra, los principios y las leyes de Dios romperán cualquier barrera terrenal porque lo celestial gobierna sobre lo terrenal.

Cuatro

¿FUNCIONA ESTA RECETA PARA EL AVANCE?

El negocio avanzó sin amenazas desde 2004 hasta finales de 2006. A fines de 2006 y principios de 2007, Pharmacy Unlimited comenzó a perder clientes por varias razones, una por vez durante unos meses. Un cliente quebró, otro fue a otra farmacia de atención a largo plazo y otros tuvieron problemas imprevistos. No nos alarmamos porque estábamos comercializando y esperando que nuevos clientes vinieran a nuestro servicio.

Durante aproximadamente un año, habíamos estado buscando una nueva ubicación para la farmacia porque habíamos superado el espacio que alquilamos. Kara se sintió atraída por un edificio en particular, por lo que habíamos estado orando por comprar ese edificio durante casi un año. Durante el tiempo que oramos, otro comprador hizo una oferta para comprar ese edificio. Ahora teníamos otro comprador en la fila por delante para comprar el edificio.

Sin embargo, Kara intuitivamente sintió que estaríamos comprando el edificio, y una noche en febrero de 2007 se sintió inspirada a caminar alrededor del edificio siete veces mientras oraba. Fuimos juntos y oramos mientras caminábamos alrededor del edificio. Continuamos orando por orientación con respecto a la compra del edificio, sabiendo que alguien más podría comprarlo.

Durante la primera semana de abril de 2007, nuestro vendedor durante los últimos dos años y medio, a quien llamaremos Gary, renunció y se puso a trabajar para nuestro cliente más grande, al que llamamos Compañía 28, porque era el 28 por ciento de nuestro negocio. El suegro de Gary, que también había trabajado para nosotros, trabajaba para una farmacia de la competencia.

Sabíamos que el suegro estaba tratando de quitarnos negocios, así que hicimos el control de daños lo mejor que supimos. Sabíamos que era posible que Gary y su suegro se unieran en la Compañía 28, que acababa de contratar a Gary. A través de estos desarrollos, se estaba preparando el escenario para que veamos de primera mano otro gran avance de Dios.

Durante el mes de junio, la otra parte interesada cambió de opinión sobre la compra del edificio y retiró su oferta. Se estableció una fecha para que Kara y yo firmemos los documentos de compra en la oficina de nuestro abogado. Por cierto, el edificio que estábamos comprando tenía una empresa nacional como inquilino y quedaban tres años en su contrato de arrendamiento, a pesar de que el inquilino había desocupado el edificio. Como el inquilino seguía pagando el arrendamiento cada mes, calculamos que los pagos del arrendamiento en realidad pagarían la hipoteca del edificio. Incluso si decidimos no movernos de inmediato, parecía mucho. El 12 de julio de 2007, las 11:00 a.m. se estableció como el cierre de la compra del edificio.

PARECE QUE EL POWER WALKING NO FUNCIONA

En la mañana del 12 de julio de 2007, alrededor de las 10:00 a.m., se entregó una carta de la Compañía 28 con el correo. La carta tenía menos de 60 días de aviso de que la Compañía 28, que todavía era el mayor cliente de Pharmacy Unlimited, estaba trasladando su negocio a otra farmacia. Nos despedían (y sí, era el cliente para el que Gary había ido a trabajar en abril).

Teníamos una hora hasta que se suponía que debíamos firmar los papeles para comprar un edificio, y acabamos de recibir un aviso de que perderíamos más de una cuarta parte de nuestro negocio, lo que llevaría a la pérdida total del negocio a un abrumador 48 por ciento. Sabíamos que estábamos enfrentando una amenaza monstruosa a la existencia de nuestro negocio y nos quedamos atónitos.

Kara y yo pusimos nuestras manos en la carta de malas noticias y comenzamos a rezar. Llamamos a la carta una mentira. Kara incluso escribió en la carta: "Esto es una mentira". La carta todavía está en nuestros archivos. Le pedimos al Señor que nos dijera si comprar o no el edificio, y no escuchamos una palabra del Señor.

Oramos mucho en esa hora antes de nuestra cita en la oficina del abogado. Calculamos que el arrendamiento actual del edificio cubriría el costo del edificio durante tres años. Calculamos que el negocio debería cambiar durante ese tiempo, y como de todos modos necesitábamos más espacio operativo, seguiríamos comprando el edificio. Fuimos a ese cierre y compramos el edificio.

En ese momento, nuestro hijo Nathan y su esposa, Alana, vivían con nosotros en nuestra casa, antes de mudarse a Amarillo para que Nathan pudiera comenzar la escuela de farmacia; por lo tanto, Nathan y Alana estaban en medio de esos meses estresantes con nosotros. Participaron en las oraciones y el ayuno, junto con muchos de los empleados de Pharmacy Unlimited que fueron fieles para orar y ayunar con nosotros. Cada vez que las personas se encuentran en una situación amenazante, las oraciones de otras personas son enormemente reconfortantes. Todas las personas que oraron con nosotros fueron un gran consuelo y apoyo.

UN MOMENTO DECISIVO

Un domingo por la tarde, 22 de julio de 2007, entré en el edificio recién comprado e hice una declaración inspirada en Job 22:28:

45

También decretarás una cosa, y te será establecida: y la luz brillará sobre tus caminos. —Job 22:28 KJV estadounidense

Mi declaración: "Declaro que Pharmacy Unlimited ocupará este edificio antes del 31 de julio de 2008". Cuando hice esa declaración, nada parecía bueno para Pharmacy Unlimited. La farmacia había perdido el 48 por ciento de su negocio y para septiembre de 2007, la farmacia comenzó a perder dinero debido a la pérdida del negocio de la Compañía 28.

La realidad de la pérdida del 48 por ciento de nuestro negocio fue como una montaña bloqueando nuestro camino y fue muy estresante. Una vez más, apareció una gran amenaza para nuestra existencia.

La declaración se pronunció en voz alta en el edificio debido a un impulso interno. Después de que pronuncié la declaración, sucedieron cosas en el ámbito espiritual en nuestro nombre a pesar de que nada era visible. En retrospectiva, es fácil ver que Dios comenzó a hacer arreglos para nuevos clientes, el regreso de antiguos clientes, una empresa de construcción para la remodelación del edificio recién comprado y una compra anticipada del arrendamiento del inquilino. En retrospectiva, aunque invisible para nuestros ojos en ese momento, la luz brillaba sobre nuestros desafíos y decisiones.

MAYOR PRESIÓN ANTES DEL AVANCE

Una tarde, muy cerca de finales de julio de 2007, las cosas parecían muy desalentadoras. El estrés pesaba mucho sobre mí. Fui a casa por un tiempo y estaba en el baño principal de nuestra casa, paseando por el piso, alabando a Dios y rezando cuando sonó mi teléfono celular. Una mujer preguntó por David y, molesta, le dije: "Este no es David". La mujer preguntó si estaba hablando con Pharmacy Unlimited. La llamada fue de un administrador de un hogar de ancianos en San Antonio, y ella estaba llamando para informarme que estaba lista para que Pharmacy Unlimited comenzara a atender su gran hogar de ancianos.

Estuve en San Antonio en mayo de 2007 y fui a su hogar de ancianos para verla. En ese momento, ella no tuvo tiempo de hablar conmigo. Después de su llamada en julio, este hogar de ancianos se convirtió en nuestra cuenta individual más grande cuando comenzamos a atenderlos en octubre de 2007.

Además, el domingo 29 de julio de 2007, el Dr. John Benefiel habló en la Iglesia Life Unlimited en Odessa y mencionó que el antiguo dios de Canaán, Fenicia y Mesopotamia era Baal, y Baal se había convertido en un principado sobre América.

Nos enseñó acerca de dos importantes instrumentos espirituales que podríamos usar. Uno era un Decreto de Divorcio de Baal (Baal se menciona muchas veces como un dios falso en la Biblia), y el otro instrumento era una Petición original del peticionario para presentarla en la Corte Suprema del Universo . . . La corte del cielo. Se enumeran a continuación.

El Dr. Benefiel dirigió Life Unlimited Church al divorciarse de Baal, pero el Decreto de divorcio de Baal presentado aquí fue transcrito de un programa de televisión cuando el Dr. Benefiel fue invitado en Sid Roth "Es sobrenatural".

La Solicitud original del peticionario nos fue entregada como un folleto en el servicio de la iglesia en Odessa; sin embargo, puede encontrar ambos en el libro del Dr. John Benefiel *Binding the Strongman Over America*.[8]

El Dr. Benefiel mencionó que Baal se ha infiltrado en la vida estadounidense, y que está asignado a retener las promesas de Dios y controlar la tierra y su riqueza. Como está escrito en el libro del Dr. Benefiel, "Baal es el principado detrás de la pornografía y todo tipo de pecado sexual. Baal es el principado detrás de todo sacrificio humano, ya sea en forma de adoración satánica o aborto". El falso dios Baal influye en tantas cosas en Estados Unidos que el Dr. Benefiel nos recomendó divorciarnos de Baal en nuestra iglesia. Ciertamente, no queríamos que las promesas de Dios fueran restringidas, así que seguimos su recomendación.

Sentí que Dios me había animado a centrar nuestros esfuerzos de marketing en la ciudad sede de la Compañía 28. Además de la Compañía 28, habíamos adquirido otros clientes en esa ciudad a través de nuestro marketing dirigido por Dios. Sentí que nos había dado las cuentas que ganamos, y si nos daba los clientes, no nos los quitaría.

DECRETO DE DIVORCIO DE BAAL

En pocas palabras, la Compañía 28 nos había sido robada y necesitábamos una intervención; por lo tanto, la Solicitud original del peticionario parecía ser el instrumento adecuado para recuperar ese negocio. Tomamos las referencias de las Escrituras enumeradas por el Dr. Benefiel y adoptamos su redacción según nuestras circunstancias:

Querido Señor Jesús, me aparto de mis malos caminos. Quiero seguirte, Señor Jesús. Te pido que me concedas el divorcio del principado de Baal, el gobernante de los demonios. No quiero tener nada que ver con este principado malvado. Te quiero a ti y a ti solo, Señor Jesús, así que declaro que estoy divorciado de Baal y casado con el Señor Jesucristo ahora y siempre. Amén.

SOLICITUD ORIGINAL DEL PETICIONARIO

Basado en Efesios 6: 17-18:

Esta petición está siendo traída a Dios debido a su Palabra. Está siendo llevado al Tribunal Supremo del Reino de Dios.

Basado en Hebreos 4:16:

Venimos valientemente ante el Trono de la Gracia para que podamos obtener misericordia y encontrar gracia en tiempos de necesidad.

Basado en Juan 2: 1-2:

Estoy representado por Jesucristo, mi abogado. Ha habido un cambio de representación por parte de un abogado y Satanás ya no me representa porque ya no es mi señor o abogado.

Basado en el Salmo 100: 4:

Estoy agradecido de poder solicitar esta corte, porque Dios ha hecho grandes cosas por mí. Mi cuenta ha sido identificada por la Palabra escrita, y nuevamente quiero agradecer. Todo el alivio para los peticionarios fue otorgado en su totalidad.

Basado en el Salmo 116: 1-2:

La base para otorgar alivio en el contrato está establecida por el Antiguo Pacto con Abraham, porque Dios no podía jurar por nadie mayor, Él juró por sí mismo. Pero, tengo un mejor pacto establecido sobre mejores promesas. Me convertí en un heredero, a través de mi agente, Jesús, cuando lo selló con su sangre para un nuevo pacto.

Basado en el Salmo 89:14:

Esta petición se lleva al Tribunal del Dios Altísimo para justicia. Justicia y juicio son la habitación de tu trono. La misericordia y la verdad irán delante de tu rostro. Entonces, Padre, te pedimos justicia en nuestro nombre.

Basado en Isaías 9: 7:

No hay fin para el gobierno y la paz de Jesús. Su Reino está establecido y se sostiene con justicia y justicia para siempre. El celo del Señor de los ejércitos hará esto, y le pedimos a usted, Señor de los ejércitos, que lo haga en nuestro nombre.

Basado en II Crónicas 20: 7:

Señor Dios, ¿no nos diste estas cuentas? ¿No nos dijo que fuéramos a _____ (nombre de la ciudad en la que tenían sus oficinas centrales)?

Basado en II Crónicas 20: 9:

Debido a que el ladrón viene sobre nosotros, nos paramos delante de ti y clamamos a ti en nuestra aflicción y nos escucharás y nos salvarás de acuerdo con tu palabra.

Por lo tanto, tengo todo el derecho de estar aquí y solicitar el alivio, y Tú, Dios, tienes la autoridad para emitir un decreto sobre este asunto.

Solicito que se me otorguen las siguientes solicitudes específicas de alivio, y por la presente le solicito que haga lo siguiente:
- Invierta la decisión de otorgar los hogares de ancianos a una farmacia de la competencia porque nos dio

50

el territorio de _____ (nombre de la ciudad).

- Ordena la bendición sobre nosotros en el territorio que nos diste. (Deuteronomio 28: 8)

- Evite que Satanás nos destruya a nosotros y a nuestro negocio, ya que usted ha nutrido, preservado y guardado Pharmacy Unlimited como un negocio dedicado a usted y al ministerio del mercado en su nombre. (Deuteronomio 28: 8-14)

- Reprendimos al devorador por nuestro bien, para que no destruya los frutos de nuestra tierra, que nos has dado. Hemos traído todos los diezmos al alfolí de acuerdo a Tu orden. (Malaquías 3: 8)

- Obligar a Satanás a dejar de resistir nuestros esfuerzos de crecimiento y prosperidad. (Malaquías 3: 8)

- Convierta el mal que se nos ha hecho en bueno con respecto a esta cuenta que es el 28 por ciento de nuestro negocio. (Romanos 8:28)

- Mire la iniquidad que se nos ha hecho y recompensarnos con el bien. (II Samuel 16:12)

- Ordene que las bendiciones de Abraham vengan a nosotros en Cristo Jesús para que podamos recibir la promesa del Espíritu a través de la fe. (Gálatas 3: 4)

- Rescátanos porque no pagamos el mal, pero esperamos expectante a que Tú, Señor, nos rescates. (Proverbios 20:22)

- Mire hacia abajo desde su habitación sagrada y bendiga a su gente de Pharmacy Unlimited, y restaure las cuentas que nos ha dado. (Deuteronomio 26:15)

- Evite que cualquier arma que se forme contra nosotros prospere y muestre que las lenguas que se han levantado en juicio contra nosotros están equivocadas. (Isaías 54:17)

- Danos triunfo sobre la oposición porque esta es nuestra herencia como siervos del Señor, y porque esta es la vindicación que obtenemos del Señor como nuestra justificación. (Isaías 54:17)

- Haga que Satanás se restaure siete veces, ya que Su Palabra dice que si se encuentra a un ladrón, él restaurará siete veces. Como se ha encontrado a Satanás robando las cuentas que nos ha dado, le pedimos que sea requerido por su orden que nos pague siete veces. (Proverbios 6: 30-31)

Esta es la oración del peticionario: que usted, la autoridad más alta del universo, otorgue un juicio sumario sobre este asunto. Porque Satanás ha venido como ladrón para robar, matar y destruir, pero Tu promesa para mí estaba en Tu Palabra y por Tu Espíritu, que me diste. (Juan 10:10 y Salmo 119: 170)

I cast all of my care on You, **for I know You have heard me, and I have it.** (Psalm 4:6-8)

Por lo tanto, se ordena, adjudica y decreta que el peticionario reciba de inmediato la reparación solicitada en esta petición, de acuerdo con Marcos 11: 23-24 e I Juan 5: 14-15.

Además, se ordenó, adjudicó y decretó que los agentes de Dios implementen tales hallazgos inmediatamente de conformidad con la Palabra. En otras palabras, el Espíritu Santo y los ángeles hacen la Palabra de Dios. **Nuevamente, déjenme decir gracias por todo lo que han hecho y ahora están haciendo.** Sé que continuarás bendiciendo a todos los que te buscan y te sirven. (Salmo 103: 20)

Fechado el 2 de agosto de 2007

Peticionarios:

Firmado: _____

Firmado: _____

Respondió esto el _____ día de _____, 20__

Completar la Solicitud original del peticionario tomó unos días, pero la llenamos, la leemos en voz alta en oración, la firmamos, la fechamos y la archivamos en nuestros archivos. Como puede ver arriba, la petición fue presentada, firmada e ingresada en la Corte del Cielo el 2 de agosto de 2007.

Saber que la Corte del Cielo tiene autoridad sobre todas las cortes de la tierra e incluso sobre las circunstancias terrenales es de vital importancia. Saber que puede llevar un asunto ante el Tribunal del Cielo y saber que tiene un abogado en el Tribunal del Cielo que lo defenderá es **otra ventaja fundamental.**

OPORTUNIDAD OPUESTA A LA RAZÓN

En agosto de 2007, nuestra iglesia tenía una necesidad inmediata de varios aires acondicionados nuevos, lo que parecía imposible con sus finanzas actuales. Nuestro negocio estaba a punto de tener una necesidad financiera que parecía imposible si la cuenta de la Compañía 28 desaparecía. Mirando hacia atrás, el momento simultáneo de la necesidad financiera en nuestra iglesia y la necesidad financiera en nuestro negocio fue más que una coincidencia. Fue una oportunidad para nosotros de llevar el poder de Dios a nuestra necesidad financiera en nuestro negocio. La cantidad requerida para cubrir los aires acondicionados necesarios en la iglesia habría comprado una pequeña casa en la economía de Odessa en ese momento; Sin embargo, Kara y yo nos inspiramos en la Escritura a continuación para dar una ofrenda que pagaría la necesidad de aire acondicionado de la iglesia.

Da, y se te dará. Una buena medida, presionada, agitada y atropellada, será vertida en su regazo. Porque con la medida que use, se medirá a usted. —Lucas 6:38 NIV

Regálese generosamente y se le devolverán generosos obsequios, sacudidos para dejar espacio para más. ¡Abundantes obsequios se derramarán sobre ti con una medida tan desbordante que se desbordará! Su medida de generosidad se convierte en la medida de su rendimiento. —Lucas 6:38 TPT

No teníamos exceso de dinero en el banco, y estábamos dando dinero de un negocio que estaba a punto de comenzar a perder dinero. Estábamos cediendo debido a una necesidad financiera imposible en nuestra entidad comercial para aliviar la necesidad financiera imposible de otra entidad. En vista de nuestras circunstancias, sentimos que estábamos usando una "medida" muy grande.

Aunque parecía que Pharmacy Unlimited no podía darse el lujo de dar tanto dinero, la medida que usamos para darnos nos garantizó una devolución con una medida similar. Nuestra medida cubrió todas las necesidades de la iglesia, por lo que la medida utilizada para devolvernos cubriría todas nuestras necesidades. Estábamos dando nuestra medida por la medida prometida que saldría del reino de Dios en nuestras circunstancias.

Dios ve todas las cosas. Dios responde a la fe en Él y en Su Palabra. Kara y yo estábamos estableciendo con nuestro don que nuestras circunstancias amenazantes no eran más poderosas que nuestra creencia en la Palabra de Dios. Además, a pesar de que acabábamos de hacer un gran regalo a la iglesia, no nos intimidaron las finanzas apretadas para detener el diezmo y las donaciones regulares.

La forma en que Lucas 6:38 está redactado revela que es un principio o ley. Esta Escritura dice que dar siempre te será devuelto. La única condición que influye en cómo funciona este principio o ley es la medida que el donante usa para dar. Si usa una carretilla para medir cuánto da, se usará una carretilla para medir cuánto vuelve a usted; Si usa una cucharadita para medir cuánto da, una cucharadita regresará a usted. El uso de una medida generosa hará que vuelva mucho más que el valor de su regalo.

El funcionamiento de esta ley está oculto en un misterio: la ley no funciona por el valor del regalo; en cambio, la ley funciona por la generosidad del donante.

La ilustración más famosa de cómo se evalúa su medida se encuentra en Lucas 21: 1-4, donde una viuda entrega dos pequeñas monedas de cobre al tesoro del Templo. Jesús comentó que era todo lo que ella tenía, así que ella había dado más que otros que daban monedas de plata u oro.

Cuando Jesús levantó la vista, vio a los ricos poniendo sus dones en el tesoro del templo. También vio a una pobre viuda poner dos monedas de cobre muy pequeñas. "De verdad te digo", dijo, "esta pobre viuda ha contribuido más que todas las demás. Todas estas personas dieron sus regalos de su riqueza; pero ella salió de su pobreza y puso todo lo que tenía para vivir".—Lucas 21: 1-4 KJV estadounidense

(* Sabiendo que Lucas 6:38 se aplica a la viuda en la Escritura anterior, sería interesante ver qué retorno siguió a su entrega de las dos monedas de cobre).

¿HAY ALGO QUE ESTAMOS HACIENDO TRABAJANDO DESDE UNA PERSPECTIVA ESPIRITUAL?

Llegó el mes de septiembre de 2007 y la Compañía 28 trasladó su negocio a una farmacia de la competencia. Nuestro nivel de negocio ahora era del 52 por ciento de lo que había sido anteriormente. Antes, cuando el negocio había disminuido, Pharmacy Unlimited redujo los gastos reduciendo personal. Esta vez, Kara y yo sentimos que no deberíamos hacer eso; sin embargo, todos los sábados por la mañana me sentaba en mi escritorio y escribía una lista de empleados que debía despedir para reducir los gastos de nómina.

Todas las semanas mi lista tenía nombres que debía despedir para reducir la nómina, y todas las semanas tiraba a la basura la lista de nombres que acababa de escribir. En septiembre de 2007, con nuestros gastos de nómina sin cambios desde que teníamos un 48 por ciento más de negocios, Pharmacy Unlimited comenzó a perder dinero.

La Compañía 28 no respondió ni devolvió mis llamadas telefónicas o correos electrónicos; por lo tanto, por correo, envié una propuesta y solicito continuar sirviendo su cuenta. Ellos no respondieron. Pasaron las semanas, y cuando se acercaba la Navidad, envié los regalos de Navidad a su oficina e instalaciones como lo habíamos hecho en el pasado. . . a pesar de que no me estaban hablando. En marzo de 2008, envié un correo electrónico al propietario de la empresa, solicitando una reunión para demostrar un nuevo software que teníamos disponible. El propietario accedió a mi solicitud y se programó una reunión en abril.

AVANCE DE NUEVO

Mientras tanto, Alana Skaggs (la esposa de Nathan), quien comenzó a comercializar Pharmacy Unlimited en 2007, se reunió conmigo en San Antonio para llamar a posibles clientes.

Ronnie y Darlene Evans tenían un hogar de ancianos muy exitoso en Schertz, Texas. Darlene era la administradora y Ronnie era el oficial financiero. Antes de dejar nuestro empleo, Gary y yo habíamos estado preguntando a esta pareja por sus negocios durante más de un año. Siempre habían sido muy amables con su tiempo cuando veníamos a preguntar por sus negocios, pero nunca parecía persuadido de usar Pharmacy Unlimited.

Esta vez, Alana y yo los invitamos a cenar. Esa noche, durante la cena, Alana y yo lo pasamos muy bien con Ronnie y Darlene y su hija de secundaria, Kelsey. Después de la cena, en el estacionamiento del restaurante, Darlene le dijo a Alana que programara una reunión con su personal y los convenciera de usar Pharmacy Unlimited. Comenzamos a servir a esa instalación en noviembre de 2007. Ronnie y Darlene eran agentes de Dios. Su decisión fue alentadora, significativa y una respuesta a nuestra oración.

MÁS AVANCES

En octubre de 2007, comenzamos a atender a un nuevo cliente en San Antonio, y eso fue otro estímulo para nosotros. También en octubre, Nathan y Alana visitaron un hogar de ancianos en Midland, Texas, y la pareja propietaria de la casa les dio la cuenta de inmediato. Por lo general, una cuenta tarda varios meses en entrar en servicio, pero esta pareja acordó trabajar con Pharmacy Unlimited en la primera reunión. Comenzaron a usar Pharmacy Unlimited en diciembre de 2007.

Lo que fue un año 2007. Obviamente, con las nuevas cuentas, nuestras circunstancias negativas se estaban invirtiendo y, a fines de diciembre, estábamos en una posición de equilibrio. Algunas personas dirían que el trabajo duro y estar en el lugar correcto en el momento adecuado causó la adición de las nuevas cuentas. Estábamos trabajando muy duro, comercializando y buscando nuevos negocios. Estábamos trabajando muy duro, punto.

Dios honra el trabajo duro; Sin embargo, por mucho que Dios honre nuestro arduo trabajo, estoy convencido de que Él honra en mayor grado Su Palabra que se habla de nuestras bocas.

Cinco

MÁS ALLÁ DE LA IMAGINACIÓN

En abril de 2008, me reuní con el propietario de la Compañía 28, que había llevado su negocio a un competidor en septiembre de 2007. Tuvimos una reunión muy amigable y me anunció que todo su negocio volvería a Pharmacy Unlimited en junio. 1, 2008. Sabía que su negocio al regresar a nuestro servicio se debía a que Dios estaba trabajando a través de la oración, el ayuno, la alabanza y la adoración a Dios, dando y hablando la Palabra de Dios sobre las circunstancias. Dios también estuvo trabajando a través de nuestra declaración y petición al Tribunal del Cielo, porque la Palabra de Dios siempre es verdadera.

"La Luz" había estado brillando en nuestros caminos. Por cierto, todos los empleados de Pharmacy Unlimited estaban rezando por la farmacia junto con nosotros. Nuestros hijos y sus esposas también rezaban constantemente en nuestro nombre. Estamos convencidos de que Dios escuchó todas las oraciones. Entonces, cuando se menciona la oración en cualquier momento en estas páginas, la imagen en mi mente es que Dios escuchó las voces de muchas personas en oración. Y creo que respondió a las voces de muchas personas que oraban y creían que escuchaba y contestaba la oración.

En abril de 2008, Kara y yo pensamos que era hora de comenzar la mudanza al nuevo edificio, sin recordar la declaración de que había hablado en el nuevo edificio en julio de 2007. Discutimos la mudanza con nuestro banquero, quien nos aconsejó que le pidiéramos al inquilino del edificio por un pago anticipado del contrato de arrendamiento y una liberación del contrato de arrendamiento para que Pharmacy Unlimited pueda ocupar el edificio. Kara se acercó al inquilino acerca de un pago anticipado y respondieron con el deseo de una acción inmediata sobre el pago anticipado. Se obtuvo el pago anticipado del arrendamiento y el inquilino liberó el edificio. Como resultado, Kara y yo teníamos algo de efectivo, y volvimos al banquero.

Nos reunimos con nuestro banquero durante el almuerzo en mayo de 2008 y le dijimos que habíamos hecho lo que él había sugerido. Acababa de cerrar un gran negocio para el banco esa semana y no mostró interés en ayudarnos a financiar la mudanza al edificio.

Durante el almuerzo, sentí que el Señor me recordaba las cantidades de dinero de varias fuentes que podrían usarse además del dinero de pago temprano. Cuando sumé mentalmente el dinero disponible durante el almuerzo, me di cuenta de que era suficiente para hacer el proyecto sin la ayuda del banco, si modificamos nuestros planes para mudarnos al edificio. Cortésmente terminamos la discusión del almuerzo y volvimos a la farmacia para reunirnos con nuestro personal y planear la mudanza.

A pesar de que la falta de interés del banquero parecía ser una barrera para avanzar, los principios espirituales de Dios expresados sobre nuestras circunstancias, meses antes de esta reunión, nos proporcionaron los recursos, en lugar de que el banquero nos proporcionara los recursos. Esto sucedió sin deudas y en una línea de tiempo más rápida.

De vuelta en la oficina, comenzamos a mirar el calendario con nuestro personal para decidir el mejor fin de semana para mudarnos. Mientras planeábamos mudarnos al nuevo edificio, todavía no recordaba la declaración que había hecho en ese edificio vacío en julio de 2007. Decidimos que el viernes 8 de agosto de 2008 era el mejor día para comenzar a mover escritorios, sillas y personas. , computadoras e inventario en el nuevo edificio. Todos discutieron el orden de mudarse al nuevo edificio el viernes, sábado y domingo de ese fin de semana.

Una vez más, **el poder de las palabras pronunciadas en una declaración sobre las circunstancias estaba impulsando el calendario para la mudanza al nuevo edificio.** No necesitaba recordar mis palabras. De hecho, comenzamos a trasladar muchas cosas al edificio antes del 31 de julio de 2008, por lo que lo estábamos ocupando para esa fecha. Tal como lo prometió Job 22:28, la luz brillaba en nuestros caminos.

También decretarás una cosa, y te será establecida: y la luz brillará sobre tus caminos. —Job 22:28 KJV estadounidense

Para mudarnos al edificio, necesitábamos un contratista para hacer la remodelación. No tuvimos uno. La economía en Odessa había comenzado a crecer y los contratistas eran difíciles de encontrar. Llamé a nuestro amigo que nos vendió el edificio y me recomendó que llamara un hombre. Llamé al hombre, Alex Acosta, e inmediatamente se puso a trabajar en la remodelación. Alex hizo un trabajo tremendo y tenía el edificio listo para nuestra mudanza el 8 de agosto de 2008. Alex incluso trabajó en las vacaciones del 4 de julio. Nuevamente, el poder de esas palabras pronunciadas en la declaración parecía estar impulsando el calendario de nuestro movimiento.

Hubo varios actos de fe que fueron importantes para eliminar las barreras de nuestro camino.

Dar, orar, ayunar, hablar la Palabra de Dios sobre las circunstancias, hacer una declaración, alabar a Dios a pesar de las apariencias y presentar una petición por escrito a Dios fueron actos de fe. Algunos actos de fe fueron para porciones específicas de nuestro negocio y otros para todo el negocio.

Sería difícil decir que un acto de fe era más importante que otro para eliminar las barreras. Prefiero decir que todos nuestros actos de fe se manifestaron en corazones que confiaban totalmente en Dios y en Su poder para librarnos de circunstancias adversas. Lo más importante para mover las barreras fueron nuestros corazones. . . corazones totalmente convencidos del poder de Dios y sus promesas en su Palabra.

¿QUÉ ES LA FE?

Fe es una palabra que se usa mucho, y de vez en cuando me ayuda a revisar su definición en mi mente y reflexionar sobre su significado. Este es un buen lugar para hacer eso, y las Escrituras nos darán la perspectiva adecuada sobre la fe. En la Biblia, Hebreos 11: 1 define la fe. Aquí hay tres traducciones de ese versículo:

*Ahora la fe es la **sustancia** de las cosas que se esperan, la evidencia de las cosas que no se ven; —Hebreos 11: 1 KJV estadounidense*

*Ahora la fe es **confianza** en lo que esperamos y seguridad sobre lo que no vemos; —Hebreos 11: 1 NIV*

*Ahora la fe hace realidad nuestras esperanzas y se convierte en la **base** necesaria para adquirir las cosas que anhelamos. Es toda la evidencia requerida para probar lo que aún no se ve. —Hebreos 11: 1 TPT*

Además de definir qué es la fe, las Escrituras también nos dicen cómo adquirimos la fe.

*. . . según Dios ha tratado a cada hombre la medida de la fe.
—Romanos 12: 3b KJV estadounidense*

*. . . de acuerdo con la fe que Dios ha distribuido a cada uno de ustedes.
—Romanos 121: 3b NVI*

Las Escrituras también nos dicen cómo aumentar o hacer crecer nuestra fe si lo deseamos.

*Entonces, la fe viene al escuchar, y al oír por la palabra de Dios.
—Romanos 10:17 KJV estadounidense*

*En consecuencia, la fe proviene de escuchar el mensaje, y el mensaje se escucha a través de la palabra acerca de Cristo.
—Romanos 10:17 NVI*

RESUMEN DE FE

Parafraseando las Escrituras anteriores, Dios ha dado una determinada cantidad de fe a cada uno de nosotros y podemos hacer crecer nuestra fe si escuchamos la Palabra de Dios. **Dicho de otra manera, si me expongo rutinariamente a escuchar la Palabra de Dios, de manera similar a hacer ejercicio rutinariamente en un gimnasio para aumentar el tono muscular, aumentaré la cantidad de fe que Dios me ha dado.**

La fe es una sustancia espiritual que puede convertirse en una sustancia física. En el reino celestial, la fe existe como una sustancia espiritual. Cuando liberamos la fe en el reino natural, se convierte en una sustancia física que arregla lo que se rompe o se convierte en lo que hablamos. Cuando oramos, hablamos o hacemos un acto de fe, liberamos sustancia espiritual en las circunstancias y en realidad se convierte en sustancia física.

La cantidad de sustancia espiritual que puede liberar puede incrementarse escuchando la Palabra de Dios.

EL PODER DE LA FE

Jesús describe la fe como una semilla en una sola Escritura, y dijo que así como una semilla puede convertirse en una gran planta, su fe puede crecer en algo más grande.

Él respondió: "Si tienes fe tan pequeña como una semilla de mostaza, puedes decirle a este árbol de morera: 'Desarraigado y plantado en el mar', y te obedecerá". —Lucas 17: 6 NVI

Un acto de fe puede ser un comportamiento o una declaración contraria a la realidad de las circunstancias actuales. Un acto de fe surge de la confianza de que Dios ve nuestras circunstancias de manera diferente a la nuestra y que lo que nos parece imposible nos parece muy simple. Cuando conocemos las promesas de Dios, su forma de hacer las cosas y los precedentes establecidos en la Biblia en situaciones similares, podemos estar seguros de que Él responderá de manera similar en nuestra situación. Un acto de fe suele ser totalmente opuesto a lo que dictaría nuestro razonamiento del "reino natural". Un acto de fe puede desafiar el razonamiento natural e incluso puede parecer irracional. Un acto de fe requiere que te des cuenta de que **las circunstancias están subordinadas al poder de Dios liberado por tu comportamiento o declaración de fe.** La confianza de que Dios se moverá milagrosamente en tu nombre es la fe. La fe nos da **ventajas fundamentales** en la vida.

Kara y yo estamos convencidos de que nuestras demostraciones de fe trajeron el poder infinito de Dios para prevalecer contra circunstancias adversas.

Las circunstancias no siempre aparecen cambiadas en el momento en que se libera nuestra fe. Cuando se habló la declaración de Job 22:28, ahora sabemos que la luz comenzó a brillar en nuestros caminos en ese momento. A pesar de que parecía que nada estaba sucediendo en el reino físico, a pesar de que las circunstancias no cambiaron, Dios estaba haciendo que las cosas sucedieran en el reino espiritual invisible. Mientras dábamos, nos daban bendiciones como se declara en Lucas 6:38. Mientras todos oraban, las respuestas de Dios a esas oraciones comenzaron a suceder en el reino invisible en el momento en que la gente comenzó a orar. En el momento en que se presentó la petición al Tribunal del Cielo, se emitió un fallo a favor de Pharmacy Unlimited. Los actos de fe agradan a Dios.

Cada acto de fe hizo una diferencia, desde el momento en que fue lanzado.

Nathan y Alana habían estado comercializando para una gran cuenta en Lubbock que poseía una cadena de hogares de ancianos. En septiembre de 2008, la cuenta decidió entrar en servicio con Pharmacy Unlimited. Cuando agregamos todas sus ubicaciones durante los meses de noviembre y diciembre de 2008, aumentaron nuestro negocio en un 50 por ciento. La Luz de Dios había brillado en Pharmacy Unlimited una vez más, y una vez más, una amenaza a nuestra existencia desapareció debido a lo que salió de nuestras bocas.

REFLEXIÓN

El 1 de septiembre de 2007, Pharmacy Unlimited había perdido el 48 por ciento de su negocio y estaba perdiendo dinero. Para el 1 de diciembre de 2008, Pharmacy Unlimited había recuperado ese 48 por ciento de los negocios *y* había ganado un aumento por encima del 50 por ciento más de negocios, y estábamos operando en un nuevo edificio. Y fuimos rentables.

Aquí hay otra cosa interesante: en los primeros meses de 2008, había comenzado un auge petrolero en Odessa, y cuando comienzan los auges petroleros, todas las personas disponibles buscan empleo en los campos petroleros. Cuando entramos en septiembre de 2007, no pudimos ver que nuestra necesidad de reducir el personal era temporal, solo duró tres meses. Si hubiéramos despedido a nuestro personal capacitado, en lugar de aferrarnos a ellos a pesar de que estábamos perdiendo dinero, habría sido muy difícil manejar el retorno de todos los negocios perdidos en la última parte de 2007 y principios de 2008 o el aumento en negocios en la última parte de 2008. El Señor nos estaba guiando, con respecto al personal de Pharmacy Unlimited, incluso antes de que supiéramos las circunstancias.

Acabamos de recordar eventos del 2 de enero de 2001 al 31 de diciembre de 2008, un lapso de siete años. Ha sido humilde volver a visitar todos estos eventos. Estas páginas están llenas de milagros que llegaron como resultado de que Dios escuchó y respondió a tres cosas: nuestras alabanzas a Él, sus promesas pronunciadas sobre nuestras circunstancias y nuestras oraciones a él.

Los eventos desde el 2 de enero de 2001 hasta el 31 de diciembre de 2008 responden las preguntas presentadas en el Capítulo Dos: 1) ¿Dios todavía hace milagros hoy? y 2) ¿hará Dios un milagro por nosotros? Las respuestas se acentúan en esta historia. Dios quiere hacer lo mismo por cualquiera. . . especialmente para usted.

Dios hizo lo mismo por una ramera que vivía en una ciudad condenada e hizo lo mismo por una joven viuda nacida en un país que Dios había maldecido.

Así es como se expresa en la Biblia:

Peter dijo: "Ahora sé con certeza que Dios no muestra favoritismo con las personas, sino que trata a todos de la misma manera".
—*Hechos 10:34 TPT*

La nota al pie de esta Escritura en *The Passion Translation* se cita textualmente aquí: *"El griego es 'Dios no es Aquel que recibe máscaras (rostros)'. Dios no nos trata de acuerdo con las externalidades, sino de acuerdo con lo que hay en nuestros corazones".*

Aquí hay dos respuestas para cualquiera:

1. Sí, Dios todavía hace milagros hoy, y
2. ¡Dios hará milagros por ti!

Seis

PON TU DINERO DÓNDE ESTÁ TU BOCA

A principios de 2009, tomamos una decisión colectiva con el personal para comprar un nuevo software operativo para la farmacia. Instalamos el software para toda nuestra operación en junio de 2009. Decir que la instalación fue una pesadilla es insuficiente. Fue una experiencia horrible que produjo resultados horribles. Cuando dejamos de usar el software más de un año después, habíamos perdido toda nuestra rentabilidad durante todo un año fiscal. Ciertamente, no tomamos una mala decisión intencionalmente. Pensamos que estábamos tomando una buena decisión. Démosle a este software el nombre de "Interrupción" porque eso es lo que nos hizo. Nos interrumpió de ocuparnos de los negocios e interrumpió nuestra rentabilidad.

Compramos Interruption porque no solo reemplazaría el software operativo que estábamos usando, sino que también reemplazaría un software de archivo que habíamos comprado tres años antes. Llamemos al software de archivo "Dependable". Aunque Dependable era muy funcional, fácil de usar y había mejorado nuestra operación, pensé que el contrato de mantenimiento de Dependable era costoso; así que si pudiéramos reemplazar Dependable y nuestro software operativo actual con Interruption, podríamos deshacernos del costoso contrato de mantenimiento de Dependable. Pensamos que teníamos un buen plan para combinar dos programas de software y reducir los costos.

En octubre de 2009, se debió el pago del contrato de mantenimiento de Dependable. Habíamos acordado un contrato de mantenimiento de cinco años de $ 15,000 por año que vence cada octubre. Decidí que le haría saber a la compañía que nos vendió Dependable que ya no iba a pagar el contrato de mantenimiento. Después de todo, íbamos a combinar dos programas de software y eliminar la necesidad de Dependable. Nuestro contacto con Dependable fue una dama piadosa llamada Mileen. Ella fue muy amable conmigo. Ella no se quejó de ninguna manera. Ella solo nos deseaba bien.

Dios comenzó a tratar conmigo sobre romper el contrato de mantenimiento que había firmado con Dependable. Durante las siguientes cuatro a seis semanas, me sentí cada vez más incómodo por no cumplir con el contrato que había firmado. Kara no se había sentido bien por romper el contrato, pero iba a ahorrar esos $ 15,000 y realmente no quería escuchar lo que alguien más tenía que decir al respecto. Sin embargo, Dios siguió molestándome acerca de la integridad de mi palabra. Contaba con que Su Palabra tuviera integridad, pero había eliminado la integridad de mi palabra al romper ese contrato. Sabía que tenía que restaurar la integridad de mi palabra.

Nuestro hijo, Jeremy, se unió a Pharmacy Unlimited en septiembre de 2009. Los antecedentes de Jeremy aportaron la experiencia muy necesaria en varias áreas, especialmente la recopilación y el análisis de datos. Las habilidades de Jeremy ampliaron nuestra base, mejoraron nuestro producto para los clientes y mejoraron nuestra operación. Jeremy se hizo cargo de TI y se dio cuenta de cómo funcionaba Interruption. Sus ideas sobre cómo se había desarrollado

Interruption nos permitieron saber rápidamente que las cosas nunca mejorarían. Tuvimos que encontrar otro software operativo para remediar la mala compra que habíamos realizado.

A principios de diciembre de 2009, llamé a Mileen y le dije que estaba enviando un cheque por $ 15,000. Le hice saber que Dios había estado tratando conmigo. Ella fue muy amable, y en nuestra conversación aprendió que habíamos comprado Interrupción. Ella estaba muy preocupada por nosotros y contactó al dueño de otra compañía de software y nos hizo conocerlo. Planeamos un viaje a Indiana, a una farmacia usando el software recomendado.

A principios de 2010, Jeremy, Kara y yo fuimos a dos ciudades de Indiana para buscar farmacias con dos marcas diferentes de software, la marca que Mileen había recomendado, así como otra marca. La visita fue perspicaz y regresamos a casa para finalizar nuestra decisión de compra y conversión. Kara y Jeremy tomaron la decisión sobre nuestra nueva compra de software y planeamos la conversión a un nuevo software para comenzar en julio de 2010. Esta vez instalamos un cliente a la vez. Fue una conversión muy segura y controlada a un nuevo software. Por cierto, Mileen había recomendado la marca que elegimos. Continuamos usando Dependable. Y tuvimos cuidado con la integridad de nuestra palabra.

La instalación tardó varios meses en completarse, pero se realizó sin problemas y correctamente. Mejoró drásticamente nuestra operación. Kara y Jeremy habían "golpeado un jonrón" en la selección del software. Y, a medida que convertimos la cuenta de cada cliente al nuevo software, los problemas disminuyeron y la rentabilidad total regresó.

Se tuvieron que tomar decisiones durante el proceso de conversión, y una de esas decisiones causó un problema muy grande tres años después. No es algo que supiéramos que sucedería en ese momento.

En agosto de 2009, un cliente en San Antonio organizó una reunión con su buen amigo que estaba abriendo un nuevo centro de rehabilitación y enfermería. Al conocer a este amigo, Tim Crank, descubrí que teníamos muchas cosas en común. El edificio de Tim estaba en construcción y no estaría operativo durante varios meses, pero llegamos a un acuerdo para atender sus instalaciones cuando se inauguró.

Tim Crank y sus socios abrieron las nuevas instalaciones de San Antonio en mayo de 2010, y él y sus socios estaban en una senda de crecimiento para abrir al menos cinco nuevas instalaciones en los próximos tres años. En nuestras discusiones sobre cómo Pharmacy Unlimited manejaría su cuenta, personalmente le dije a Tim que haríamos las cosas de cierta manera, y cada mes supervisaba su cuenta para asegurarme de que las cosas sucedieran de la manera acordada. Las cosas salieron bien, Tim estaba contento con nosotros y nuestro negocio con Tim y sus socios creció a medida que continuaban su camino de crecimiento.

En junio de 2011, nuestro hijo, Nathan, había completado la escuela de farmacia y se mudó a Odessa para unirse al negocio. Como fue el caso con Jeremy, los antecedentes de Nathan trajeron la experiencia necesaria en varias áreas. Nathan se hizo cargo del marketing y las relaciones con los clientes; por lo tanto, comenzó a realizar revisiones comerciales de rutina con nuestros clientes, y fue en una de estas revisiones rutinarias de clientes, dos años después, que se descubrió un gran problema.

En agosto de 2013, Nathan y su familia se mudaron a San Antonio. Teníamos la sensación de que necesitábamos presencia en San Antonio, y al mudarse, comenzó a hacer todos los preparativos para abrir una segunda sucursal de Pharmacy Unlimited en San Antonio. A medida que progresaron las cosas durante el próximo año, nos dimos cuenta de que necesitábamos trasladar toda la operación de la farmacia a San Antonio en lugar de operar dos ubicaciones de farmacia.

BARRERA SORPRESA

En septiembre de 2013, Nathan realizó una revisión comercial con Tim Crank. Surgió una pregunta durante la revisión comercial en San Antonio, y Nathan me llamó a Odessa para hacer referencia a cómo se habían establecido y facturado las instalaciones de Tim Crank. Cuando verifiqué la configuración de nuestro nuevo software, descubrí que habíamos sobrecargado accidentalmente todas las instalaciones de Tim desde que convertimos sus instalaciones al nuevo software. Por lo menos, la posibilidad de sobrecargar a un cliente fue un descubrimiento vergonzoso, pero encontraríamos que había mucho más. Informamos a Tim, nos disculpamos y programamos una reunión en dos semanas para discutir la pregunta de Tim.

Nuestros cálculos durante la próxima semana a diez días revelaron que nuestra sobrecarga de las instalaciones de Tim ascendía a un número de seis cifras y valía aproximadamente la mitad de nuestras ganancias anuales de las operaciones. No solo estábamos avergonzados de que esto sucediera, la corrección iba a tener un gran impacto en nuestra operación. No obstante, nos aseguramos de que todos nuestros cálculos fueran correctos, ya que preparamos la información para la reunión con Tim y su personal.

Como puede imaginar, Nathan y yo quedamos devastados por el monto del sobrecargo, el impacto del reembolso y el daño a la confianza de nuestro cliente en nosotros. Nos encontramos en una situación en la que podríamos racionalizar un enfoque menos honesto, donde la ética situacional podría usarse para justificar la retención de todo o parte del dinero del cliente. Una tentación fue:

"Puedes denunciar parte de ella y conservarla porque la necesitas". Otra tentación fue: "Se ha llevado bien sin ella y perjudicaría a nuestro negocio acreditar todo ese dinero a nuestro cliente". Estas racionalizaciones nos sugirieron que podríamos estar justificados para ser menos que honestos.

Sin embargo, sabíamos que cualquier esfuerzo por proteger nuestro flujo de efectivo que violara una ley universal tendría un efecto opuesto al que deseábamos. Intentar preservar nuestro efectivo siendo deshonesto en realidad causaría una pérdida de rentabilidad. Debido a una ley universal que no podíamos ver, obtendríamos lo contrario de lo que sugería nuestro razonamiento. Al tratar de preservar nuestro flujo de caja de manera deshonesta, sentimos que realmente disminuiríamos nuestro flujo de caja.

Nuestro negocio no se basó en principios y leyes comprometidas. Sabíamos que teníamos que manejar este problema de acuerdo con la base que se había establecido bajo nuestro negocio. Además, a pesar de la devastadora situación, teníamos una paz interior que Dios cuidaría de nosotros al hacer lo correcto. A continuación hay cinco Escrituras que son parte de nuestra base:

No robarás. (Uno de los diez mandamientos) —Exodo 20:15 NVI

No darás falso testimonio contra tu prójimo. —Exodo 20:16 NVI

El Señor detesta las escalas deshonestas, pero los pesos precisos lo favorecen. —Proverbios 11: 1 NVI

PON TU DINERO DÓNDE ESTÁ TU BOCA

El Señor detesta los diferentes pesos, y las escalas deshonestas no lo complacen. —Proverbios 20:23 NVI

La gente no desprecia a un ladrón si él roba para satisfacer su hambre cuando se está muriendo de hambre. Sin embargo, si lo atrapan, debe pagar siete veces, aunque le cuesta toda la riqueza de su casa.
—Proverbios 6: 30-31 NVI

La situación de sobrecarga era una barrera no tanto para la supervivencia, sino una barrera para mantener los cimientos construidos bajo nuestro negocio. Una base establecida sobre leyes universales siempre será sólida. Si una fundación tiene compromisos como la ética situacional incorporada, entonces las consecuencias de esos compromisos debilitan esa base. Si una base se resquebraja por fallas dentro de ella, un edificio apoyado por esa base puede colapsar.

A continuación se muestra una aplicación muy común de una ley universal.

UN EFECTO VISIBLE DE UNA LEY UNIVERSAL INVISIBLE

Orville y Wilbur Wright se hicieron famosos por romper la barrera para que volara una máquina motorizada más pesada que el aire. Construyeron el primer avión exitoso en el mundo y tuvieron cuatro vuelos exitosos el 3 de diciembre de 1903. Lo hicieron aplicando el Principio de Bernoulli (en adelante, BP) al diseño del ala de su avión. El Principio de Bernoulli establece que "cuanto mayor es la velocidad de un fluido o gas que fluye, menor es la presión. A medida que disminuye la velocidad, aumenta la presión".

Este principio fue observado por un matemático suizo llamado Daniel Bernoulli en la década de 1700. Sus observaciones fueron hechas con agua que fluye en arroyos, ríos y tubos. La barrera para que el hombre aprendiera a volar era determinar cómo aplicar correctamente BP, una ley invisible, a la forma de un ala de avión. La superficie superior del ala debe tener una curva ascendente que sea más alta en el borde delantero del ala y más baja en el borde posterior del ala (haciendo que el aire se mueva más rápido y, por lo tanto, disminuya la presión en la parte superior del ala). La superficie inferior del ala es plana sin curvatura (lo que hace que el aire se mueva más lentamente debajo del lado inferior del ala y aumenta la presión o crea elevación).

Después de construir un túnel de viento y probar más de 200 formas de alas en el túnel de viento, los hermanos Wright resolvieron la mayoría de los problemas de elevación y equilibrio en vuelo.[9]

Aunque Daniel Bernoulli observó el principio, Dios lo hizo realidad. Aunque no ve el BP funcionando en las superficies de las alas de un avión, lo que Dios dijo que es una ley del universo funciona cada vez que el aire se mueve sobre las superficies de las alas. La presión arterial es consistente; está vigente todo el tiempo. En otras palabras, no es situacional. No es una ley de "funciona un día y no al día siguiente"; es una ley vigente cada minuto de cada día, año tras año tras año; y, es una ley que funciona para cualquiera. Es universal, como todas las leyes de Dios.

Dicho de otra manera, las leyes de Dios son absolutas. Están vigentes todo el tiempo, funcionan todo el tiempo y funcionan igual para cualquier persona, independientemente de quién sea la persona. Entonces, cuando cualquier piloto se sube a un avión para volar, no tiene que accionar un interruptor para encender el BP para poder volar. El BP hará que cualquier avión con un diseño de ala adecuado vuele en cualquier momento, a pesar de que nadie ve la ley universal en funcionamiento.

El diseño apropiado de la fundación usando leyes universales hará prosperar cualquier negocio, hogar, agencia gubernamental, iglesia o matrimonio. Pueden venir juicios que prueben los cimientos, pero si está construido con leyes universales, resistirá cualquier juicio.

Llegó el día de la reunión, y Nathan y yo fuimos a esa reunión sintiéndonos muy humildes. Un asociado de Tim también estuvo en la reunión con nosotros. Presentamos toda la información, mostramos el sobrecargo, explicamos que el sobrecargo comenzó a acumularse cuando cambiamos el software y les presentamos un plan para el reembolso del sobrecargo. Aunque el sobrecargo había tenido lugar durante tres años en algunas de las instalaciones de Tim, pagaríamos las cantidades mensualmente durante el próximo año. Y eso es exactamente lo que hicimos.

Tim fue muy amable. Mientras revisábamos los recargos por mes y por instalación, él escuchó. Cuando presentamos nuestro plan para acreditar el sobrecargo, él aprobó nuestro plan. Nathan y yo salimos de esa reunión agradecidos por la comprensión comprensiva de Tim. Además, es difícil describir la paz que sentimos al salir de esa reunión.

Profundamente, acreditamos todos los recargos a tiempo según lo acordado, sin ninguna dificultad memorable para nuestro flujo de caja.

REUBICACIÓN

Con la decisión de trasladar las operaciones de Pharmacy Unlimited a San Antonio, comenzamos a planificar la mudanza. Cuando se completaron los preparativos para la mudanza, trasladamos la parte de producción de nuestra operación de Odessa a San Antonio, a una distancia de 340 millas, y lo hicimos durante la noche. Cerramos por el día un viernes por la noche en Odessa, y abrimos al día siguiente, sábado, en San Antonio. Esa fue una gran empresa. La mitad de nuestro personal de farmacia se mudó a San Antonio. La fecha de la mudanza fue el 19 de septiembre de 2014.

Nuestra oficina comercial permaneció en Odessa, por lo que teníamos dos oficinas. Jeremy instaló un buen sistema telefónico y un sistema informático para que ambas oficinas estuvieran conectadas pero pudieran funcionar de manera independiente en caso de interrupciones de la línea eléctrica o del teléfono. Las cosas se arreglaron muy bien y comenzamos a dispensar desde nuestro sitio de farmacia en San Antonio.

En los meses y años posteriores a nuestro traslado a San Antonio, el negocio de Pharmacy Unlimited aumentó más del doble. Ciertamente, nuestra ubicación fue un factor influyente en nuestro crecimiento. Sin embargo, creemos que teníamos algunas leyes universales que daban impulso a nuestro negocio, así como el Principio de Bernoulli da impulso a las alas de un avión.

Aplicamos tres leyes diariamente a nuestras circunstancias, y eran tan invisibles como el BP que causaba que un avión volara. Estas son las tres leyes:

1. Dios habita las alabanzas de su pueblo;

2. Las Palabras de Dios pronunciadas en circunstancias con un corazón creyente producen lo que Él pretendía que produjeran las palabras habladas;

3. Nuestras lenguas tienen el poder de construir o destruir.

Estas tres leyes, como la BP, no tienen que activarse. . . están vigentes todo el tiempo. Son leyes, por lo que siempre funcionan de la misma manera y funcionan para todas las personas.

Siete

LA BARRERA FINAL

A mediados de 2019, Kara y yo estábamos almorzando con nuestros hijos Jeremy y Nathan. Estábamos discutiendo la historia de Pharmacy Unlimited, y resumimos nuestra historia con estas palabras: **"¡Lo que hemos salido de nuestras bocas!"**

Todas las circunstancias negativas imposibles que encontramos en la historia de Pharmacy Unlimited se convirtieron en bendiciones por las palabras de nuestra boca. Hablamos las promesas de Dios (lo que ha dicho por boca y registrado en la Biblia) en nuestras circunstancias, y nuestras circunstancias cambiaron para ser lo que se habló de nuestras bocas. Esta es una verdad profunda.

En el futuro, nuestro futuro se rige por la misma revelación.

Lo que tendremos en el futuro saldrá de nuestras bocas.

Si hablamos las promesas de Dios sobre nuestro negocio, sus promesas darán forma al futuro de nuestro negocio. ¡Increíble! Y lo mismo es cierto para ti.

Una ciudad que estaba bien fortificada, y que se creía capaz de defenderse de cualquier ataque enemigo, fue derrotada *solo con las palabras pronunciadas de la boca de un ejército.*

En Josué 6: 2, Dios le dijo a Josué que había entregado a Jericó y a su rey en manos de Israel; esto fue una promesa, y para recibir la promesa de victoria de Dios con Jericó, Josué e Israel tuvieron que seguir las instrucciones de Dios. Y lo hicieron. Los israelitas marcharon alrededor de la ciudad de Jericó sin hablar, una vez al día durante seis días, y el día siete marcharon alrededor de la ciudad, sin decir una palabra, siete veces. Después del séptimo viaje alrededor de Jericó, los hombres de Israel gritaron y los muros de la ciudad fueron arrojados al suelo. La promesa del Señor se manifestó cuando gritaron con la boca.

TUS PALABRAS DE FE TIENEN PODER

Quiero alentarlo con este pensamiento: Independientemente de cómo estén las cosas en este momento, siga el ejemplo de Dios y diga cosas buenas en sus circunstancias. Es interesante que Dios instruyó a los hombres del ejército de Israel a no decir nada mientras caminaban por la ciudad de Jericó. Es fácil imaginar sus pensamientos mientras caminaban alrededor de Jericó: "Mira, las paredes son tan gruesas que la gente tiene casas construidas en las paredes de la ciudad"; "Mira qué tan altas son las paredes. ¿Cómo escalaremos esos muros para conquistar la ciudad?" "¿Qué arma puede derrotar a una ciudad tan fuerte y bien fortificada?" Dado que el ejército de Israel no podía pronunciar ninguna de esas palabras que describían lo que era visible, solo las palabras Dios le habló a Joshua (las promesas) fueron liberadas: "¡Dios nos ha dado la ciudad y sus habitantes!" La Palabra de Dios, cuando fue pronunciada por el ejército de Israel en un grito al Señor, en realidad presionó los muros de Jericó en la tierra para que Jericho ya no estaba fortificado. ¿Te imaginas la conmoción total a los ciudadanos de Jericó cuando su fortaleza desapareció repentinamente? Si habla las promesas de Dios en sus circunstancias, creyendo que sus circunstancias cambiarán en lo que habla, sucederá.

Lo que eres y lo que has salido de tu boca. Lo que serás y lo que tendrás saldrá de tu boca.

Es posible que haya escuchado a la gente decir que siempre hay dos formas de hacer cualquier cosa. . . El camino equivocado y el camino correcto. No discutiremos eso en este libro. Sin embargo, hay dos métodos para abordar las circunstancias negativas en su vida: 1) Es posible cambiar las circunstancias con nuestros métodos humanos; o 2) Es posible cambiar las circunstancias haciéndolo a la manera de Dios.

Nuestra forma de hacer las cosas es por nuestra fuerza, nuestros planes, nuestra comprensión y nuestro arduo trabajo. . . Todo lo cual tiene limitaciones. **La forma en que Dios hace las cosas es cambiar las circunstancias al hablar sus promesas en esas circunstancias. . . ninguno de los cuales tiene limitaciones.** Esta es otra **revelación fundamental sobre la vida.**

Siglos atrás, había una pareja que había envejecido sin tener hijos. A lo largo de sus vidas, fueron incapaces de concebir. Dios le prometió al hombre que tendría un hijo en su vejez, a pesar de que él y su esposa habían pasado el tiempo en que era posible concebir un hijo. Ese hombre era Abram en el libro de Génesis en la Biblia.

Cuando Dios le dio a Abram la promesa, Él (Dios) también cambió el nombre de Abram. El efecto del cambio de nombre fue que Abram comenzó a hablar la promesa de Dios cada vez que pronunció su nombre, porque su nuevo nombre era Abraham, que significa "padre de muchas naciones". Las circunstancias de Abraham, al no tener hijos de Sarah, su esposa, cambiaron cuando habló la promesa de Dios en sus circunstancias.

Los precedentes en las Escrituras son códigos. Establecen el corazón de Dios y su perspectiva hacia ciertas cosas. Las Escrituras han establecido precedentes poderosos para transformar las circunstancias en victoria por lo que se dice de nuestras bocas. Así como Rahab y Ruth se transformaron del reproche al honor, Abraham y Joshua vieron la victoria sobre las barreras imposibles al decir las circunstancias de las promesas de Dios. Estos precedentes nos sirven de ejemplo cuando encontramos barreras. Los precedentes de Dios establecen que las barreras no pueden oponerse a sus promesas pronunciadas contra ellos.

EL ÚLTIMO AVANCE DE LA BARRERA

Hay una barrera para entrar al cielo. Esa barrera es el pecado. Dios ha definido el pecado, la barrera, en las Escrituras. No podemos comprender completamente la barrera del pecado por las opiniones. El pecado es parte de nuestro ADN, así como parte de nuestro comportamiento. No tenemos poder para eliminar el pecado. . . pero se requiere eliminar el pecado para recibir la salvación e ir al Cielo.

Solo hay una forma de eliminar esa barrera. Tiene que ser eliminado por Dios, y Dios nos ha proporcionado una forma de eliminar esa barrera a través de la muerte y resurrección de Su Hijo.

Jesús proporcionó un camino para que nuestro pecado (la barrera que impide la entrada al cielo) sea arrastrado por su sangre justa derramada en el camino hacia la cruz y sobre la cruz. Jesús literalmente sufrió la pérdida de toda Su sangre para quitar el pecado del mundo. Cuando Jesús murió en la cruz, nuestro pecado fue puesto en la sangre de su cuerpo golpeado y sangriento. Cuando murió, nuestro pecado fue eliminado. Cuando resucitó de la muerte, puso a nuestra disposición una nueva vida, libre de la barrera del pecado.

La sangre y resurrección de Jesús eliminó la barrera del pecado para nosotros. Esta es una promesa de Dios. Según el precedente, la promesa se activa por lo que hablamos. A medida que hablamos con la boca, la promesa de que se elimina la barrera del pecado, nuestras circunstancias de pecado y quiénes somos en pecado cambian. Así como una prostituta condenada a la destrucción y una joven viuda nacida bajo una maldición fueron redimidas de sus circunstancias por lo que hablaron, de la misma manera en que hablamos somos redimidas de las circunstancias del pecado. Si crees, aceptas y pronuncias la promesa de Dios mencionada en este párrafo, transformarás tu espíritu sobrenaturalmente. Aquí hay una oración para ayudarlo a decir la promesa del poder redentor de la sangre de Jesús en las circunstancias pecaminosas en las que nació y en las que se comportó:

Señor Jesús, creo que eres el Hijo de Dios, un Hijo de promesa nacido en el mundo como un hombre, para que puedas dar tu sangre para quitarme mi pecado mientras morías en la cruz. Señor Jesús, acepto el regalo gratuito de Tu sangre para quitar mi pecado, pasado, presente y futuro. Hablo en voz alta con mi boca que creo esto y lo acepto por mí mismo. Hablo de mis circunstancias de pecado que ahora estoy limpiado de todo pecado por Tu sangre. Te invito a vivir en mi espíritu de ahora en adelante. Hablo en mis circunstancias de que soy un nuevo ser a través de Tu poder redentor. Así como Rahab y Ruth se transformaron, hablo que ahora estoy transformado por Tu promesa y Tu poder. Y así como moriste en la cruz y resucitaste de entre los muertos, creo en mi corazón y confieso con mi boca que la muerte no tendrá poder eterno sobre mí. Hablo con mi boca que estaré contigo en el cielo. ¡Gracias Jesús! Amén.

Dios dice que sus palabras siempre se cumplirán, por lo que Dios ha establecido una ley universal con respecto a sus palabras. Somos creados a imagen de Dios, de acuerdo con Génesis 1:27, y nuestras lenguas tienen poder sobre la vida y la muerte, incluso construyendo o destruyendo, de acuerdo con lo que Dios habló en Proverbios 18:21. ¿Es posible que Génesis 1:27 y Proverbios 18:21 establezcan que nuestras lenguas están gobernadas por leyes universales? Si es así, el poder en nuestras lenguas siempre está ahí, y aunque nuestras palabras son invisibles cuando se pronuncian, producirán un efecto visible. . . Al igual que el BP.

Entonces Dios creó a la humanidad a su propia imagen, a imagen de Dios los creó; hombre y mujer los creó. —Génesis 1:27 NVI

La lengua tiene el poder de la vida y la muerte, y los que la aman comerán su fruto. —Proverbios 18:21 NVI

LA ALABANZA ES UNA LEY UNIVERSAL PARA EL ÉXITO

En mi opinión, Dios ha establecido una ley universal de que Él habitará nuestra alabanza. Nuevamente, en mi opinión, después de que Dios ha habitado nuestra alabanza, las palabras pronunciadas en su presencia son energizadas por la presencia y el poder de Dios.

La alabanza a Dios libera poder. En el Apéndice III, encontrará las palabras de la canción "Raise a Hallelujah". La letra de esta canción habla de las barreras que se están rompiendo porque Heaven lucha por usted. Que las palabras de esta canción sean tu experiencia. Haz que tus palabras de alabanza y bendiciones sean contundentes y frecuentes. Rompe las barreras que encuentres.

El versículo en 1 Crónicas 16: 37-43 registra que el Rey David mantuvo a más de 70 hombres en el Arca del Pacto, donde la presencia de Dios moraba en Israel, para alabar a Dios continuamente (texto en negrita en varios lugares son mis adiciones). El rey David sabía que los elogios eran muy, muy importantes para la nación de Israel. Del Salmo 22: 3, sabemos que David sabía que Dios habita las alabanzas de su pueblo. Además, sabemos por el Salmo 18: 3 que David sabía que alabar a Dios lo salvaría de sus enemigos.

37 Entonces salió de allí delante del arca del pacto del Señor Asaf y sus hermanos, para ministrar delante del arca continuamente, como requería el trabajo de cada día: 38 y Obed-edom con sus hermanos, sesenta y ocho; Obed-edom también el hijo de Jeduthun y Hosah para ser porteros: 39 Y el sacerdote Zadok, y sus hermanos el sacerdote, ante el tabernáculo del Señor en el lugar alto que estaba en Gabaón, 40 para ofrecer ofrendas quemadas al Señor sobre el altar del holocausto, continuamente por la mañana y por la tarde, y de acuerdo con todo lo que está escrito en la Ley del Señor, que Él ordenó a Israel; 41 Y con ellos Heman y Jeduthun, y el resto que fueron elegidos, que fueron expresados por su nombre, para dar gracias al Señor, porque su misericordia perdura para siempre; 42 y con ellos Jeman y Jeduthun con trompetas y platillos para aquellos que deberían hacer un sonido, y con instrumen-

tos musicales de Dios. Y los hijos de Jeduthun eran porteros. [43] Y todo el pueblo se fue, cada uno a su casa; y David volvió para bendecir su casa. —*I Crónicas 16: 37-43 KJV estadounidense*

Eres santo, oh tú que habitas las alabanzas de Israel.
—Salmos 22: 3 KJV estadounidense

Invocaré al Señor, quien es digno de ser alabado: así seré salvo de mis enemigos. —*Salmo 18: 3 KJV estadounidense*

Todos tenemos barreras en nuestro camino en algún momento de la vida, y esas barreras seguramente pueden ser penetradas aplicando las leyes universales de Dios a las circunstancias con nuestras bocas.

La receta para el avance es esta:

Aplica las promesas de Dios a través de sus leyes universales a tus circunstancias con las palabras de tu boca.

En las palabras inspiradoras de Winston Churchill, "Nunca te rindas. Nunca. Nunca te rindas".

Que las bendiciones más ricas de Dios sean pronunciadas de tu boca para cambiar tus circunstancias en lo que Él desea para ti. Que abraces este misterio.

EPÍLOGO

Este año, el 2 de enero, celebramos silenciosamente estar en el negocio durante 20 años como Farmacia Ilimitada. En mi corazón, le agradecí a Dios por sus leyes universales, su pacto y su constante cuidado que nos han permitido sobrevivir a las amenazas a nuestra existencia en nuestros primeros años; y ahora, estoy agradecido de que por sus bendiciones estamos prosperando. Para mí, fue una ocasión increíble para darnos cuenta de que entramos en todas las bendiciones que una vez fueron pronunciadas en Pharmacy Unlimited. Y fue una ocasión humilde para darnos cuenta de que nuestro éxito no proviene de nuestra fuerza. Nuestro éxito se debe única y totalmente a la poderosa bendición de Dios en nuestro negocio. Es por Su Palabra que hemos sobrevivido y prosperado. ¡Gracias Señor Dios!

En las palabras del párrafo anterior, sepa que no estoy hablando desde una falsa humildad. Estoy hablando desde la realidad. Cada vez que miro hacia atrás y reviso el camino que seguimos, nuevamente soy consciente de los milagros de esos momentos a través de los años.

Varios años después, la gente miraría nuestro negocio y presumiría de nuestro éxito. Siempre atribuyeron nuestro éxito a cosas que se podían ver fácilmente a la luz del éxito, como el enfoque en objetivos, trabajo duro, dedicación, un buen plan de negocios, una buena visión para el negocio y un buen marketing. Incorporados a la base de nuestro negocio están las imágenes de barreras conquistadas que una vez bloquearon totalmente nuestro camino con mensajes de imposibilidad. Además, nuestro fundamento incorpora las alabanzas a Dios, las bendiciones pronunciadas y las oraciones de necesidad desesperada. Esas cosas que alguna vez fueron una amenaza ahora son memoriales de la fuente de nuestra fuerza. Cuando esas enormes imposibilidades se mencionan a los espectadores cuando contamos nuestra historia, aparecen como una paradoja de lo que ahora es visible. En nuestro caso, un negocio próspero apenas parece que alguna vez estuvo muerto de hambre y casi muere por falta de capital.

Gracias por leer nuestra historia. Que las leyes universales aplicadas en nuestra historia liberen milagros en sus circunstancias. Que Dios bendiga ricamente sus esfuerzos por romper barreras y eliminar obstáculos. Además de las leyes universales de las que hemos hablado, que Dios te revele otros. Con su poder, los resultados son siempre buenos. Con su poder, las barreras se rompen realmente y se eliminan los obstáculos. Dios realmente es la *Receta para el avance.*

NOTAS FINALES

1. Sheffield, Jack. *God's Healing River.* Morgan Printing: 2003.

2. https://www.quora.com/What-percentage-of-the-light-spectrum-are-humans-able-to-see-with-their-eyes

3. G. & C. Merriam Co., *Webster's Seventh New collegiate Dictioary.* Rand McNally & Company, Chicago, Illinois.

4. http://www.creationstudies.org/Education/miracles_of_the_bible.html

5. Amaral, Joe. *Understanding Jesus: Cultural Insights into the Words and Deeds of Christ.* FaithWords, Hachette Book Group, Nueva York, Nueva York: 2011.

6. https://www.internationalultrarunning.com/2hourmarathon

7. https://www.smithsonianmag.com/smart-news/five-things-know-about-roger-bannister-first-person-break-four-minute-mile-180968344/

8. Benefiel, Dr. John. *Binding the Strongman Over America: Healing the Land, Transferring Wealth, and Advancing the Kingdom of God.* Benefiel Ministries, Incorporated, Oklahoma City, Oklahoma: 2012.

9. World Book Encyclopedia, 1984, W, X, Y, Z Volumen, págs. 420-421; y World Book Encyclopedia, 1984, B Volumen, p. 211.

10. Heiser, Jonathan David. Skaggs, Molly. Stevens, Jake. *Raise a Hallelujah*; Compositores: Jonathan David Heiser, Molly Skaggs, Jake Stevens; Publicado por Bethel Music Publishing. Fuente: LyricFind.

APÉNDICE I

EJEMPLOS DE ALABANZA

1. Te alabo, Señor, porque eres un escudo para mí. Te alabo, Señor, porque eres mi gloria y el levantador de mi cabeza. (Salmo 3: 3 KJV estadounidense)

2. Te alabo, Señor, porque escuchas mi voz cuando te clamo. (Salmo 3: 4 KJV estadounidense)

3. Te alabo, Dios de mi justicia, porque me has ensanchado cuando estaba angustiado. (Salmo 4: 1 KJV estadounidense)

4. Te alabo, Señor, porque con mi corazón creo en la justicia y con la confesión de mi boca soy salvo. (Romanos 10:10 KJV estadounidense)

5. Te alabo, Señor, porque me has hecho tu justicia. (II Corintios 5:21 KJV estadounidense)

6. Te alabo, Señor, porque bendecirás al justo y lo rodearás como un escudo. (Salmo 5:12 KJV estadounidense)

7. Te alabo, Señor, mi Señor, porque tu nombre es el nombre más excelente de toda la tierra. Te alabo, Señor, porque has puesto tu gloria sobre los cielos. (Salmo 8: 1 KJV estadounidense)

8. Te alabo, Señor, porque has hecho al hombre a tu imagen y a tu semejanza. (Génesis 1:26 American KJV)

9. Te alabo, Señor, porque eres un refugio para mí en tiempos de problemas. (Salmo 9: 9 KJV estadounidense)

10. Te alabo, Señor, porque no me has abandonado porque te busco. (Salmo 9:10 KJV estadounidense)

11. Te alabo, Señor, porque no olvidas mi humilde clamor. (Salmo 9:12 KJV estadounidense)

12. Te alabo, Señor, porque eres Rey para siempre. (Salmo 10:16 americano KJV0

13. Te alabo, Señor, porque tus palabras son puras como plata purificada en el fuego siete veces. (Salmo 12: 6 KJV estadounidense)

14. Te alabo, Señor, porque has tratado generosamente conmigo. (Salmo 13: 6 KJV estadounidense)

15. Te alabo, Señor, porque me muestras el camino de la vida. (Salmo 16:11 KJV estadounidense)

16. Te alabo, Señor, porque la plenitud de la alegría está en Tu presencia y a Tu diestra hay placeres para siempre. (Salmo 16:11 KJV estadounidense)

17. Te alabo, Señor, porque en mi angustia te invoqué y escuchaste mi voz desde tu templo. (Salmo 18: 6 KJV estadounidense)

18. Te alabo, Señor, porque mantendrás mi lámpara encendida y convertirás mi oscuridad en luz. (Salmo 18:28 NIV)

19. Te alabo, Señor Dios, porque haces de tu ayuda salvadora mi escudo, y tu mano derecha me sostiene. (Salmo 18:35 NIV)

20. Te alabo, Señor Dios, porque tu ayuda me ha hecho grande. (Salmo 18:35 KJV estadounidense)

21. Te alabo, Señor, porque me has armado con fuerza para la batalla y has humillado a mis adversarios antes que a mí. (Salmo 8:39 NIV)

22. Te alabo, Señor, porque los cielos declaran tu gloria y los cielos proclaman la obra de tus manos. (Salmo 19: 1 KJV estadounidense)

23. Te alabo, Señor, porque me das la victoria y me contestas desde tu santuario celestial con el poder victorioso de tu diestra. (Salmo 20: 6 KJV estadounidense)

24. Te alabo, Señor, porque eres santo y habitas en las alabanzas de tu pueblo. (Salmo 22: 3 KJV estadounidense)

25. Te alabo, Señor Dios, ¡porque eres el Rey de la Gloria! Te alabo, Señor, porque eres fuerte y poderoso en la batalla. (Salmo 24: 8 KJV estadounidense)

26. Te alabo, Señor, porque eres el Dios de mi salvación. (Salmo 25: 5 KJV estadounidense)

27. Te alabo, Señor Dios, porque eres mi luz y mi salvación y eres la fortaleza de mi vida. (Salmo 27: 1 KJV estadounidense)

28. Te alabo, Señor Dios, porque en tiempos de problemas me esconderás en tu pabellón y en el secreto de tu tabernáculo. (Salmo 27: 5 KJV estadounidense)

29. Te alabo, Señor, porque eres mi fuerza y mi escudo. (Salmo 28: 7 KJV estadounidense)

30. Te alabo, Señor, porque me has sacado de las profundidades y no dejas que mis enemigos se regodeen sobre mí. (Salmo 30: 1 NIV)

31. Te alabo, Señor, porque me sacaste del reino de los muertos; Me evitaste bajar al pozo. (Salmo 30: 3 NIV)

32. Te alabo, Señor, porque eres mi escondite y me guardas de problemas. (Salmo 32: 7 KJV estadounidense)

33. Te alabo, Señor, porque me rodeas con canciones de liberación. (Salmo 32: 7 KJV estadounidense)

34. Te alabo, Señor, porque me rodeas de misericordia porque confío en ti. (Salmo 32:10 KJV estadounidense)

35. Te alabo, Señor Dios, porque por Tu Palabra se hicieron los cielos y todas las estrellas por el aliento de Tu boca. (Salmo 33: 6 NIV)

36. Te alabo, Señor, porque tus planes se mantienen firmes para siempre, y los propósitos de tu corazón a través de todas las generaciones. (Salmo 33:11 KJV estadounidense)

37. Te alabo, Señor, porque Tus ojos están sobre mí porque te temo y espero en Tu amor inagotable que me libere de la muerte y me mantenga vivo durante la hambruna. (Salmo 33: 18-19 KJV estadounidense)

38. Te alabo, Señor, porque te busqué y me respondiste y me liberaste de todos mis miedos. (Salmo 34: 4 NIV)

39. Te alabo, Señor, porque clamo y me escuchas y me liberas de todos mis problemas. (Salmo 34:17 NIV)

40. Te alabo, Señor, porque aunque pueda tener muchos problemas, me liberas de todos ellos y proteges todos mis huesos para que ninguno de ellos se rompa. (Salmo 34: 19-20 NIV)

APÉNDICE II

EJEMPLOS DE BENDICIONES PARA HABLAR

1. Me bendigo para seguir los consejos y hábitos de las personas piadosas. (Salmo 1: 1 KJV estadounidense)

2. Me bendigo para ser como un árbol plantado por chorros de agua, que produce su fruto en la temporada, y cuyas hojas no se marchitan, de modo que todo lo que hago prospera. (Salmo 1: 3 NIV)

3. Me bendigo para mantener la Palabra del Señor en mi boca todo el tiempo y me bendigo para meditar en la Palabra del Señor día y noche para que mis caminos prosperen y tenga un gran éxito. (Josué 1: 8 KJV estadounidense)

4. Me bendigo para temer al Señor, mi Dios, para caminar en todos sus caminos, y para amarlo y servirlo con todo mi corazón y alma. (Deuteronomio 10:12 KJV estadounidense)

5. Me bendigo para ser bendecido en la ciudad y bendecido en el país. (Deuteronomio 28: 3 NIV)

6. Me bendigo al ver las bendiciones de Dios en el fruto de mi cuerpo, el fruto de mi tierra, mi ganado y mi canasta y tienda. (Deuteronomio 28: 4-5 KJV estadounidense)

7. Me bendigo para ser bendecido cuando entro y cuando salgo. (Deuteronomio 28: 6 KJV estadounidense)

8. Me bendigo para que los enemigos que se alcen contra mí sean golpeados ante el rostro de Dios para que vengan contra mí de una manera y huyan ante mí de siete maneras. (Deuteronomio 28: 7 KJV estadounidense)

9. Me bendigo para que el Señor envíe bendiciones a mis graneros, mis cuentas bancarias, mis inversiones y todo lo que pongo en mis manos. (Deuteronomio 28: 8 NIV)

10. Me bendigo para que el Señor me establezca como pueblo santo. (Deuteronomio 28: 9 KJV estadounidense)

11. Me bendigo para que me reconozcan todos los pueblos de la tierra, llamados por el nombre del Señor y protegidos por Él. (Deuteronomio 28:10 NVI)

12. Me bendigo para que el Señor me conceda abundante prosperidad en mi familia, mis inversiones y todo lo que pongo en mis manos. (Deuteronomio 28:11 NIV)

13. Me bendigo para que el Señor abra los cielos y el depósito de su generosidad sobre mí. (Deuteronomio 28:12 NIV)

14. Me bendigo para que el Señor envíe lluvia sobre mi tierra en temporada y para bendecir todo el trabajo de mis manos. (Deuteronomio 28:12 NIV)

15. Me bendigo para ser tan bendecido por el Señor que presto a muchas naciones pero no tomaré prestado de ninguna. (Deuteronomio 28:12 NIV)

16. Me bendigo para que el Señor me haga la cabeza y no la cola porque presto atención a la Palabra del Señor. (Deuteronomio 28:13 NIV)

17. Me bendigo por estar siempre en la cima y nunca en la parte inferior porque nunca me aparté de la Palabra del Señor. (Deuteronomio 28: 13-14 NIV)

18. Me bendigo para buscarte, Señor, porque mi alma tiene sed de ti. (Salmo 63: 1 KJV estadounidense)

19. Me bendigo para ver tu poder y tu gloria, Señor. (Salmo 63: 2 KJV estadounidense)

20. Me bendigo para alabarte, Señor, con mis labios y para levantar mis manos en tu nombre. (Salmo 63: 3-4 KJV estadounidense)

21. Me bendigo al escuchar la Palabra de Dios para que mi fe aumente. (Romanos 10:17 KJV estadounidense)

22. Me bendigo para caminar en fe, siempre. (II Corintios 5: 7 KJV estadounidense)

CÓDIGOS ANTIGUOS PARA AVANCE

1. Dios nos creó para ser como Él. . . una imagen especular de él.

2. Jesús nos ha redimido para ser como Dios.

3. Dios sabe lo que está sucediendo en tu vida y quiere ayudar.

4. Las promesas de Dios tienen su poder en ellas. Liberamos ese poder cuando hablamos sus promesas.

5. Nuestras bocas tienen el poder de construir o destruir. Cuando bendecimos, construimos.

6. Dios habla con el éxito de Su Palabra en mente cuando habla.

7. Dios nos ve a través de lo que dice Su Palabra.

8. La alabanza nos conecta con Dios.

9. Dios es inclusivo, no exclusivo. Dios quiere incluirte en Su Reino en lugar de excluirte.

10. Busque precedentes para construir su confianza de que Dios contestará su oración. Si ha hecho algo una vez, lo volverá a hacer. Las historias de Rahab y Ruth son precedentes.

11. Un precedente es una plataforma sobre la cual puedes pararte y tener el favor de Dios mientras oras.

12. La fe es una sustancia que libera el poder de Dios y el poder de Su Palabra en nuestra necesidad. La fe nos da la propiedad de lo que pedimos.

APÉNDICE III

LEVANTAR UN HALLELUJAH[10]

Levanto un aleluya, en presencia de mis enemigos
Levanto un aleluya, más fuerte que la incredulidad
Levanto un aleluya, mi arma es una melodía
Levanto un aleluya, el cielo viene a luchar por mí

Voy a cantar en medio de la tormenta
Cada vez más fuerte, escucharás rugir mis alabanzas
De las cenizas surgirá la esperanza
¡La muerte es derrotada, el rey está vivo!

Levanto un aleluya, con todo dentro de mí
Levanto un aleluya, veré huir a la oscuridad
Levanto un aleluya, en medio del misterio
¡Levanto un aleluya, temo que hayas perdido tu control sobre mí!

Voy a cantar en medio de la tormenta
Cada vez más fuerte, escucharás rugir mis alabanzas
De las cenizas surgirá la esperanza
¡La muerte es derrotada, el rey está vivo!

Canta un poco más fuerte (en presencia de mis enemigos)
Canta un poco más fuerte (más fuerte que la incredulidad)

RECETA PARA EL AVANCE

Canta un poco más fuerte (mi arma es una melodía)
Canta un poco más fuerte (el cielo viene a luchar por mí)
Canta un poco más fuerte (en presencia de mis enemigos)
Canta un poco más fuerte (más fuerte que la incredulidad)
Canta un poco más fuerte (mi arma es una melodía)
Canta un poco más fuerte (el cielo viene a luchar por mí)
¡Canta un poco más fuerte!

Voy a cantar en medio de la tormenta
Cada vez más fuerte, escucharás rugir mis alabanzas
De las cenizas surgirá la esperanza
¡La muerte es derrotada, el rey está vivo!

Compositores: Jonathan David Heiser, Molly Skaggs, Jake Stevens
Publicado por Bethel Music Publishing
Fuente: LyricFind

EXPRESIONES DE GRATITUD

Cuatro hombres han tenido un impacto poderoso y positivo en mi vida. Su influencia en mí ha moldeado mi vida y mis resultados. Estoy muy agradecido con cada uno de ellos. Se merecen honor por los grandes hombres que son.

Mi papá, **Fred Skaggs**, tenía un corazón inclinado hacia el Señor y caminaba por el Espíritu del Señor. Las dificultades y dificultades que mi padre sufrió en los primeros años de su vida tuvieron una influencia duradera. Sus encuentros con Jesucristo le permitieron superar las deficiencias que resultaron de esos años. Mi papá fue un donante y demostró los principios de darme. Roger Lowe describió a mi padre como un hombre "que caminó su discurso". Con este reconocimiento, quiero bendecir su memoria y su vida dedicada.

Fui a trabajar para **Roger Lowe** cuando tenía 33 años y trabajé para él durante 17 años. Él ha sido una gran influencia en mi vida porque pude verlo ser un esposo y padre piadoso, un hombre de negocios piadoso y un confidente piadoso. Roger es un hombre conforme al corazón de Dios, tal como el Rey David estaba en la Biblia, excepto que Roger no tiene ninguno de los pecados que el Rey David tuvo. El ejemplo de humildad y brillantez de Roger es un estándar de excelencia que todavía me inspira.

Don Palmer fue el primer pastor que tuve que no tuvo miedo de hablar sobre los detalles cotidianos y valientes de la vida y cómo los principios bíblicos podrían aplicarse con éxito para evitar dificultades. Me enseñó la diferencia entre tener una relación con el Señor y tener un espíritu religioso. Me enseñó a rezar las Escrituras sobre las circunstancias, a bendecir las circunstancias y las personas, los principios de alabanza y cómo leer las Escrituras por lo que dice versus una adaptación doctrinal. Fue su enseñanza la que nos inspiró a aplicar las leyes universales contra nuestras circunstancias negativas.

Jay Mehaffey fue un héroe de guerra que sirvió en la Segunda Guerra Mundial y participó en la invasión de Normandía en la playa de Omaha para liberar a Francia de la ocupación alemana. Jay era un verdadero amigo que me mostró cómo relajarme, tomarme un día para jugar golf y disfrutar de una buena comida con vino. Jay me escuchaba y era realmente un segundo padre para mí. Me encantó el diálogo abierto que pudimos tener juntos como amigos. Muy amablemente me hizo consciente de mi ira en un juego de golf y eso me ha inspirado desde ese momento hasta ahora.

Otros también han marcado la diferencia en mi vida.

Mi madre, **Joyce Skaggs,** era una dama piadosa que siempre fue en defensa de sus hijos. Lucharía para ver que sus hijos tuvieran una oportunidad justa y fueran tratados de manera justa. Ella me enseñó modales, gramática y habilidades sociales, y con su ejemplo y aliento, aprendí a no dejar de fumar. Ella era agradable y flexible con mi padre y mis hermanos, y realmente era una mujer indulgente. Mi madre amaba a las personas y disfrutaba de visitar a todas las personas, hacía amigos de por vida en todas partes donde vivía y siempre estaba ansiosa por ayudar a cualquiera que lo necesitara. Ella siempre quiso escribir y escribió un libro sobre sus experiencias en la infancia. Mientras escribía este libro, pensé bastante en ella. Quiero bendecir su memoria y su vida, que dedicó a su familia.

EXPRESIONES DE GRATITUD

Los **miembros del equipo de Pharmacy Unlimited,** pasado, presente y futuro, son realmente el mejor activo que tiene Pharmacy Unlimited, y nos hacen mejores de lo que seríamos de otra manera. Aunque hemos invertido en una tremenda cantidad de equipos y tecnología muy costosos, nuestro equipo es lo que nos distingue de los demás en el negocio. Sin nuestra gente, seríamos una farmacia mediocre con muchos equipos y tecnología costosos. Los miembros del equipo son los que se quedan hasta tarde, trabajan un día libre, trabajan cuando no se sienten bien y hacen cosas increíbles para asegurarse de que el paciente reciba su medicamento a tiempo. Cuando nuestros clientes alardean de Pharmacy Unlimited, alardean del equipo. Tenemos la suerte de contar con los miembros del equipo pasado, presente y futuro de Pharmacy Unlimited que tienen un alto carácter, viven con integridad y son personas atentas, generosas y trabajadoras. El equipo de Pharmacy Unlimited realmente hace del mundo un lugar mejor al marcar la diferencia. Dios los bendiga a todos!

También me gustaría agradecer la producción de libros de Aloha Publishing, AlohaPublishing.com, y el trabajo de diseño de portada e interior realizado por Fusion Creative Works, FusionCW.com.

SOBRE EL AUTOR

Danny Skaggs ha estado asociado con los negocios toda su vida adulta. Su primer trabajo fuera de la escuela de farmacia fue administrar una farmacia y una farmacia en Austin, Texas. Danny tiene una licencia de piloto privado y ha registrado más de 2.000 horas como piloto. Le gusta pescar y hacer senderismo en las Montañas Rocosas. Pharmacy Unlimited abastece recetas para hogares de ancianos en todo el estado de Texas.

Danny recibió su B.S. Licenciado en farmacia por la Universidad de Texas en Austin. Danny y su esposa, Kara, tienen dos hijos y dos hijas, y han estado casados por 49 años. Son activos en su iglesia y residen en San Antonio, Texas.

www.ingramcontent.com/pod-product-compliance
Lightning Source LLC
Chambersburg PA
CBHW031520040426
42445CB00009B/320